별책
마르크스가 예측한 미래사회
마르크스의 저작 인용 영한대역본

김수행 옮김

한울
아카데미

• 일 러 두 기

1. 인용문의 출처 표기
   1) 『자본론』의 표기.
      1상: 50 = 김수행 역, 『자본론』 I(상), 50쪽.
      1하, 2, 3상, 3하: 각각 『자본론』 I (하), 『자본론』 II, 『자본론』 III(상), 『자본론』 III하.
   2) 『국부론』의 표기
      『국부론』 상: 100 = 김수행 역, 『국부론』 상, 100쪽.
      『국부론』 하: 위와 같음.
   3) 마르크스·엥겔스의 저작집 표기.
      CW 35: 70 = Marx Engels Collected Works, Vol. 35, 70쪽.
      II/4.2 : 80 = Marx Engels Gesamtausgabe, II/4.2, 80쪽.
      『저작선집』 1: 30 = 『마르크스 엥겔스 저작선집』, 제1권, 30쪽. 박종철출판사.
      백의 2: 200 = 김호균 역, 『정치경제학 비판 요강』, 제2권, 200쪽, 백의출판사.

2. [ ] 안의 것은 필자가 삽입한 것입니다.

이 도서의 국립중앙도서관 출판시도서목록(CIP)은 e-CIP홈페이지(http://www.nl.go.kr/ecip)에서 이용하실 수 있습니다. (CIP제어번호 : CIP2012003609)

책을 내며

『마르크스가 예측한 미래사회: 자유로운 개인들의 연합』에서 저는 마르크스가 자본주의 이후에 나타날 새로운 사회를 어떤 '형태'의 사회로 보았는가를 자세히 서술하려고 했습니다.

'마르크스가 예측한 미래사회'를 보다 심도 있게 이해하려는 독자들을 위해 이 별책에 마르크스가 '미래사회'에 관해 이야기한 원문을 모두 모으려고 노력했습니다. 한글 번역문도 함께 실어 이해를 도우려 했습니다.

아무쪼록 이 책이 마르크스의 문장을 직접 읽으면서 그 논리를 추적하려는 분에게 도움이 되었으면 합니다.

2012년 7월
성공회대학교 연구실에서
김 수 행 드림

차례
마르크스의 저작 인용 영한대역본

1. 1844년 『경제학·철학 초고』• 5
2. 1847년 『공산당 선언』• 7
3. 1857~1858년 『정치경제학 비판 요강』• 14
4. 1859년 『정치경제학 비판을 위하여』• 24
5. 『1861~1863년 초고』·『1861~1864년 초고』• 34
6. 1864~1866년 「국제노동자협회 창립선언」 등 • 41
7. 『자본론』 제1권 • 45
8. 『자본론』 제2권 • 85
9. 『자본론』 제3권 • 86
10. 1871년 『프랑스의 내전』• 103
11. 1872년 「토지의 국유화」• 107
12. 1875년 「고타 강령 초안 비판」• 109
13. 1880년 「프랑스 노동자당 강령 전문」• 117

1. 1844년 『경제학·철학 초고』

(1) 노동의 소외

무엇이 노동의 소외를 구성하는가?

첫째로 노동이 노동자에게 **외부적인 것**, 즉 자기의 본질에 속하지 않는다는 것이고, 이 때문에 노동자는 자기의 노동에서 자기를 긍정하는 것이 아니라 부정하며, 행복을 느끼는 것이 아니라 불행을 느끼고, 육체적·정신적 에너지를 자유롭게 발휘하는 것이 아니라 육체를 쇠약하게 하고 정신을 황폐하게 만든다. 따라서 노동자는 노동 바깥에서야 비로소 자신과 함께 있다고 느끼며 노동에서는 자신을 떠나 있다고 느낀다. 노동자는 노동하지 않을 때 편안하고 노동할 때는 편안하지 않다. 그러므로 그의 노동은 자발적인 것이 아니라 강요된 것, **강제노동**이다. 그의 노동은 어떤 욕구를 충족시키는 것이 아니라 노동 밖에 있는 여러 가지 욕구를 충족시키는 **수단**에 지나지 않는다. 노동의 소외성은, 육체적 강제나 기타 강제가 없어지면 노동을 흑사병처럼 멀리한다는 점에 분명히 나타난다. 외부적인 노동, 즉 인간이 자기를 소외시키는 노동은 자기희생의 노동이고 고통스러운 노동이다. 끝으로, 노동자에게 노동의 외부적 성격은, 노동이 자기 자신의 것이 아니라 타인의 것이라는 사실, 노동이 자기에게 속하는 것이 아니라는 사실, 그리고 노동 중에서 노동자는 자기 자신보다는 오히려 타인에게 속하고 있는 사실에서 드러난다. 종교에서 인간의 상상력, 인간의 두뇌, 인간의 심장의 자기 활동이, 개인으로부터 독립하여 소원한 신 또는 악마의 활동으로서 개인에게 영향을 미치듯이, 노동자의 노동은 자발적 활동이 아니라 타인의 것이며, 따라서 자기 자신의 상실이다. ─ 『저작선집』 1: 75~76, CW 3: 274

What, then, constitutes the alienation of labour?

First, the fact that labour is *external* to the worker, i.e., it does not belong to his intrinsic nature; that in his work, therefore, he does not affirm himself but denies himself, does not feel content but unhappy, does not develop freely his physical and mental energy but mortifies his body and ruins his mind. The worker therefore only feels himself outside his work, and in his work feels outside himself. He feels at home when he is not working, and when he is working he does not feel at home. His labour is therefore not voluntary, but coerced; it is *forced labour*. It is therefore not the satisfaction of a need; it is merely a *means* to satisfy needs external to it. Its alien character emerges clearly in the fact that as soon as no physical or other compulsion exists, labour is shunned like the plague. External labour, labour in which man alienates himself, is a labour of self-sacrifice, of mortification. Lastly, the external character of labour for the worker appears in the fact that it is not his own, but someone else's, that it does not belong to him, that in it he belongs, not to himself, but to another. Just as in religion the spontaneous activity of the human imagination, of the human brain and the human heart, operates on the individual independently of him — that is, operates as an alien, divine or diabolical activity — so is the worker's activity not his spontaneous activity. It belongs to another; it is the loss of his self.

2. 1847년 『공산당 선언』

(2) 프롤레타리아트 혁명

노동자계급에 의한 혁명의 첫 걸음은 프롤레타리아트를 지배계급의 지위로 상승시키는 것이고 민주주의 투쟁에서 이기는 것이다.

프롤레타리아트는 자신의 정치적 지배를 이용하여, 부르주아지로부터 모든 자본을 차례차례 빼앗고 모든 생산도구를 국가의 수중에, 즉 지배계급으로 조직된 프롤레타리아트의 수중에 집중하며 총체적 생산력을 될 수 있는 한 빨리 증가시킨다.

이것은 물론 처음에는 소유권과 부르주아적 생산관계에 대한 독재적 침해에 의해서만, 이리하여 경제적으로는 불충분하고 유지될 수 없는 조치들에 의해서만 수행되지만, 이 조치들은 운동이 진행됨에 따라 자기 자신보다 더 나은 것으로 발전하면서 생산양식 전체를 변혁하기 위한 수단으로서 불가피한 것이 된다. 이런 조치들은 물론 나라에 따라 다를 것이다.

그러나 가장 선진적인 나라들에서는 다음과 같은 조치들이 일반적으로 적용될 것이다. ① 토지 소유의 폐지와 모든 지대는 공공의 목적에 사용. ② 고율의 누진 소득세. ③ 상속권 폐지. ④ 모든 망명자들과 반역자들의 재산 압류. ⑤ 국가자본과 배타적 독점권을 가진 국립은행을 통해 신용을 국가 수중에 집중. ⑥ 통신수단과 수송수단을 국가 수중에 집중. ⑦ 국가 소유의 공장과 생산수단의 확대. 공동의 계획에 따라 황무지의 개간과 토지의 개량. ⑧ 모두가 동등하게 노동에 참가. 특히 농업을 위한 산업군대 육성. ⑨ 농업과 공업의 결합. 인구를 더욱 균등하게 분산시켜 도시와 농촌의 차이를 점차적으로 제거. ⑩ 모든 아동을 공립학교에서 무상 교육. 현재 형태의 아동의 공장 노동 폐지. 교육과 산업생산의 결

합. 등등. —『저작선집』1: 420; CW 6: 504~505

······ The first step in the revolution by the working class is to raise the proletariat to the position of ruling class to win the battle of democracy.

The proletariat will use its political supremacy to wrest, by degree, all capital from the bourgeoisie, to centralise all instruments of production in the hands of the State, *i.e.*, of the proletariat organised as the ruling class; and to increase the total productive forces as rapidly as possible.

Of course, in the beginning, this cannot be effected except by means of despotic inroads on the rights of property, and on the conditions of bourgeois production; by means of measures, therefore, which appear economically insufficient and untenable, but which, in the course of the movement, outstrip themselves, necessitate further inroads upon the old social order, and are unavoidable as a means of entirely revolutionising the mode of production.

Nevertheless, in most advanced countries, the following will be pretty generally applicable. ① Abolition of property in land and application of all rents of land to public purposes. ② A heavy progressive or graduated income tax. ③ Abolition of all rights of inheritance. ④ Confiscation of the property of all emigrants and rebels. ⑤ Centralisation of credit in the hands of the state, by means of a national bank with State capital and an exclusive monopoly. ⑥ Centralisation of the means of communication and transport in the hands of the State. ⑦ Extension of factories and instruments of production owned by the State; the bringing into cultivation of waste-lands, and the improvement of the soil generally in accordance with a common plan. ⑧ Equal liability of all to work. Establishment of industrial armies, especially for agriculture. ⑨ Combination of agriculture with manufacturing industries; gradual abolition of all the distinction between town and country by a more equable distribution of the populace over the country. ⑩ Free education for all children in public schools. Abolition of children's factory labour in its present form. Combination of education with industrial production, &c, &c.

(3) 프롤레타리아트 독재의 소멸

발전과정에서 계급적 차이가 사라지고 모든 생산이 연합한 개인들의 수중에 집중되었을 때, 공권력은 정치적 성격을 상실하게 된다. 진정한 의미의 정치권력은 다른 계급을 억압하기 위해 한 계급이 조직한 힘이다. 프롤레타리아트는 부르주아지와의 투쟁 중에 필연적으로 계급으로 결합하고, 혁명에 의해 스스로 지배계급이 되어 지배계급으로서 힘에 의해 낡은 생산관계들을 폐지하면, 프롤레타리아트는 이런 낡은 생산관계들과 아울러 계급대립·계급일반의 존재조건들을 폐지하며, 이리하여 또 계급으로서의 자기 자신의 지배도 폐지하게 된다.

계급들과 계급대립을 가진 낡은 부르주아 사회 대신에 각인의 자유로운 발달이 만인의 자유로운 발달의 조건이 되는 연합이 나타나게 된다.

— 『저작선집』 1: 420~421; CW 6: 505~506

When, in the course of development, class distinctions have disappeared, and all production has been concentrated in the hands of a vast association of the whole nation, the public power will lose its political character. Political power, properly so called, is merely the organised power of one class for oppressing another. If the proletariat during its contest with the bourgeoisie is compelled, by the force of circumstances, to organise itself as a class, if, by means of a revolution, it makes itself the ruling class, and, as such, sweeps away by force the old conditions of production, then it will, along with these conditions, have swept away the conditions for the existence of class antagonisms and of classes generally, and will thereby have abolished its own supremacy as a class.

In place of the old bourgeois society, with its classes and class antagonisms, we shall have an association, in which the free development of each is the condition for the free development of all.

(4) 소부르주아 사회주의

  농민이 인구의 50%를 훨씬 넘는 프랑스 같은 나라들에서는 부르주아지에 반대하여 프롤레타리아트의 편을 드는 문필가들은 부르주아지를 비판할 때 농민과 소부르주아지의 기준을 갖다 대며, 이런 중간계급의 관점으로부터 노동자계급을 강력히 옹호하는 것이 당연했다. 이리하여 소부르주아 사회주의가 생겼다. 시스몽디는 프랑스뿐 아니라 영국에서도 이런 문필가의 우두머리였다.

  이런 사회주의는 현대적 생산조건들의 모순을 매우 날카롭게 해부했으며, 경제학자들의 위선적 변명을 폭로했다. 이런 사회주의는 기계와 분업의 비참한 효과, 자본과 토지가 소수의 손에 집중하는 것, 과잉생산과 공황을 반박할 여지 없이 증명했고, 소부르주아지와 농민의 필연적 몰락, 생산의 무정부성, 부의 분배상의 심한 불균등, 국가들 사이의 산업적 파괴전쟁, 오랜 도덕적 유대와 오랜 가족관계 및 오랜 국민성의 붕괴를 지적했다.

  그러나 이런 형태의 사회주의는 이것의 적극적 목표 중에는 옛날의 생산수단과 교환수단을 부활시켜 이것들과 함께 옛날의 소유관계와 옛날의 사회를 재건하려고 한다거나, 현대적 생산수단과 교환수단을, 이것들에 의해 폭파되었거나 폭파되지 않을 수 없는 옛날의 소유관계의 틀 안에 억지로 밀어 넣으려고 한다. 어느 경우이든 이 사회주의는 반동적이고 공상적이다. ─ 『저작선집』 1: 423~424; CW 6: 509~510

  In countries like France, where the peasants constitute far more than half of the population, it was natural that writers who sided with the proletariat against the bourgeoisie should use, in their criticism of the bourgeois *régime*, the standard of the peasant and petty bourgeois, and from the standpoint of these intermediate classes, should take up the cudgels for the working class. Thus arose petty-bourgeois Socialism. Sismondi was the head of this school, not only in France but also in England.

  This school of Socialism dissected with great acuteness the contradictions in the conditions of modern production. It laid bare the hypocritical apologies of economists. It proved, incontrovertibly, the disastrous effects of machinery and division of labour; the concentration of capital and land in a few hands; overproduction and crises; it pointed out the inevitable ruin of the petty bourgeois and peasant, the misery of the proletariat, the anarchy in production, the crying inequalities in the distribution of wealth, the industrial war of extermination between nations, the dissolution of old moral bonds, of the old family relations, of the old nationalities.

In its positive aims, however, this form of Socialism aspires either to restoring the old means of production and of exchange, and with them the old property relations, and the old society, or to cramping the modern means of production and of exchange within the framework of the old property relations that have been, and were bound to be, exploded by those means. In either case, it is both reactionary and Utopian.

(5) 자본주의의 멸망

부르주아지가 싫든 좋든 촉진하지 않을 수 없는 산업의 진보는, 경쟁에 의한 노동자들의 고립화 대신 결사association에 의한 그들의 혁명적 단결을 가져온다. 이리하여 대공업이 발전함에 따라 부르주아지가 생산물을 생산하여 취득하는 토대 그 자체가 부르주아지의 발밑에서 무너진다. 다시 말해 부르주아지는 무엇보다도 자기 자신의 무덤을 파는 사람을 만들어낸다. 부르주아지의 멸망과 프롤레타리아트의 승리는 어느 것도 피할 수 없다. ……

오늘날 부르주아지와 대립하는 모든 계급 중 오직 프롤레타리아트만이 참으로 혁명적 계급이다. 다른 계급들은 대공업의 발전과 더불어 몰락하여 멸망하지만, 프롤레타리아트는 대공업의 가장 고유한 산물이다.

하층 중간계급들, 즉 소규모 공장주·소상인·수공업자·농민은 모두 중간계급으로 살아남기 위해 부르주아지와 투쟁한다. 따라서 그들은 혁명적이지 않고 보수적이다. 더욱이 그들은 반동적이다. 왜냐하면 그들은 역사의 바퀴를 뒤로 돌리려 하기 때문이다.

― 『저작선집』 1: 412, 410; CW 6: 496, 494

The advance of industry, whose involuntary promoter is the bourgeoisie, replaces the isolation of the labourers, due to competition, by the revolutionary combination, due to association. The development of Modern Industry, therefore, cuts from under its feet the very foundation on which the bourgeoisie produces and appropriates products. What the bourgeoisie therefore produces, above all, are its own grave-diggers. Its fall and the victory of the proletariat are equally inevitable. ……

Of all the classes that stand face to face with the bourgeoisie today, the proletariat alone is a really revolutionary class. The other classes decay and finally disappear in the face of Modern Industry; the proletariat is its special and essential product.

The lower middle class, the small manufacturer, the shopkeeper, the artisan, the peasant, all these fight against the bourgeoisie, to save from extinction their existence as fractions of the middle class. They are therefore not revolutionary, but conservative. Nay more, they are reactionary, for they try to roll back the wheel of history.

(6) 공산주의 운동은 사적 소유의 철폐

공산주의의 특징은 소유 일반의 폐지가 아니라 부르주아적 소유의 폐지이다. 그런데 현대의 부르주아적 사적 소유는 계급대립에 의거한, 일부의 인간이 다수의 인간을 착취하는 것에 의거한, 생산물의 생산과 취득의 최후의 그리고 가장 완성된 표현이다.

이 의미에서 공산주의자들의 이론은 사적 소유의 철폐라는 한마디로 집약할 수 있다.

—『저작선집』 1: 413; CW 6: 498

The distinguishing feature of Communism is not the abolition of property generally, but the abolition of bourgeois property. But modern bourgeois private property is the final and most complete expression of the system of producing and appropriating products, that is based on class antagonisms, on the exploitation of the many by the few.

In this sense, the theory of the Communists may be summed up in the single sentence: Abolition of private property.

(7) 사회적 소유

자본은 결코 개인적 힘이 아니라 사회적 힘이다.

따라서 자본이 공동의 소유로, 사회의 구성원 모두에게 속하는 소유로 전환되어도, 개인적 소유가 사회적 소유로 전환되는 것은 아니다. 변하는 것은 오직 소유의 사회적 성격뿐이다. 소유는 자기의 계급적 성격을 상실한다.　—『저작선집』1: 414; CW 6: 499

Capital is, therefore, not a personal; but a social power.

When, therefore, capital is converted into common property, into the property of all members of society, personal property is not thereby transformed into social property. It is only the social character of the property that is changed. It loses its class character.

(8) 소유문제

한마디로 공산주의자들은 어디서나 현존의 사회 정치 상태를 반대하는 모든 혁명운동을 지지한다.

이런 모든 혁명운동 속에서 공산주의자들은 소유문제를, 이것이 어느 정도 발전한 형태를 취하고 있는가를 묻지 않고, 운동의 근본문제로 내세운다.

　—『저작선집』1: 433; CW 6: 519

In short, the Communists everywhere support every revolutionary movement against the existing social and political order of things.

In all these movements, they bring to the front, as the leading question in each, the property question, no matter what its degree of development at the time.

3. 1857~1858년 『정치경제학 비판 요강』

(9) 자유로운 개성

개인들의 보편적 발달에 의거한, 그리고 그들의 공동체적·사회적 생산성보다 그들의 사회적 능력을 중시하는 것에 의거한, 자유로운 개성.

— 백의 1: 138~139; CW 28: 95; MEGA II/1.1: 91

Free individuality, based on the universal development of the individuals and the subordination of their communal, social productivity, which is their social possession[Vermögen]······.

(10) 보편적으로 발달한 개인들

보편적으로 발달한 개인들의 사회적 관계들은 그들 자신의 공동의 관계들이고 따라서 그들 자신의 공동적 제어에 따르는데, 이 보편적으로 발달한 개인들은 자연의 산물이 아니라 역사의 산물이다.   — CW 28: 99; MEGA II/1.1: 94

Universally developed individuals, whose social relationships are their own communal relations and therefore subjected to their own communal control, are not products of nature but of history.

(11) 풍부한 개성의 발달

자본은 일반적 형태의 부[화폐]를 끊임없이 추구함으로써 자연적 욕구의 한계를 넘어 노동을 강요하며, 이리하여 풍부한 개성의 발달을 위한 물질적 요소들을 창조한다. 풍부한 개성은 소비에서와 마찬가지로 생산에서도 다양하고 전면적 성격을 제공하며, 따라서 풍부한 개성이 행하는 노동은 이제 더는 노동으로 나타나지 않고 활동 그 자체의 최대한의 발달로 나타난다. 이 활동에서는 자연적 욕구가 역사적으로 생긴 욕구에 의해 대체되었기 때문에 직접적 형태의 자연적 욕구는 사라진다. — CW 28: 251; MEGA II/1.1: 241

As the ceaseless striving for the general form of wealth, however, capital forces labour beyond the limits of natural need and thus creates the material elements for the development of the rich individuality, which is as varied and comprehensive in its production as it is in its consumption, and whose labour therefore no longer appears as labour but as the full development of activity itself, in which natural necessity has disappeared in its immediate forn; because natural need has been replaced by historically produced need.

(12) 애덤 스미스에 따르면, 노동은 희생이다

결합된 노동은 두 측면에서 **즉자적 결합**이다. 왜냐하면 그것은 함께 일하는 개인들이 서로 관련을 맺는다는 의미의 결합도 아니고, 각자의 특수한 개별적인 작업이나 노동도구가 총괄되고 있다는 의미의 결합도 아니기 때문이다. 따라서 노동자는 자기 노동의 생산물에 대해 타인의 생산물을 대하는 것 같은 태도로 관련을 맺으며, 결합된 노동에 대한 그의 관계도 타인의 노동에 대하는 것 같은 태도이고, 또 자기 자신의 노동에 대한 관계도 확실히 자기에게 속하긴 하지만 자기에게는 소원한 강제된 생명발현에 대하는 것 같은 태도이다.

이리하여 노동을 애덤 스미스는 **부담·희생** 등으로 보게 된 것이다.
— CW 28: 398; MEGA II/1.2: 378

Combined labour is thus in two ways a combination *in itself;* for it is neither combination as the relationship of individuals working together to one another, nor as their going beyond their specific individualised task or beyond [the activity proper to] their instrument of labour. Hence, if the worker relates to the product of his labour as alien, he no less relates to combined labour as alien, and to his own labour as an expression of his life which, though it certainly belongs to him, is alien to him and brought out under duress, and which Adam Smith, etc., therefore conceived as a *burden, sacrifice,* etc.

(13) 노동과 노동조건들의 자연적 통일

자유로운 소규모 토지소유와 동양적 공동체에 의거한 공동의 토지소유.
이 두 가지 형태에서는 노동자는 자기 노동의 객체적 조건들에 대해 자기의 것으로써 관계를 맺고 있다. 바로 이것이 노동과 노동의 물질적 전제들과의 자연적 통일이다.
— CW 28: 399; MEGA II/1.2: 378

free small holdings and [of] communal landed property, based on the Oriental commune.

In both these forms the labourer relates to the objective conditions of his labour as to his property; this is the natural unity of labour with its physical prerequisites.

(14) 소유는 '관계를 맺는 것'

소유, 즉 개개인이 노동과 재생산의 **자연적** 조건들에 대해 자기에게 속하는 것으로 관계를 맺는 것, 또는 비유기적 자연의 형태로 존재하는 자기의 주체성의 객체적 신체로 관계를 맺는 것. ― CW 28: 400~401; MEGA II/1.2: 380

property ― i.e. the relation of the individual to the *natural* conditions of labour and reproduction as belong to him, as the objective body of his subjectivy present in the form of inorganic nature.

(15) 부 = 인간의 능력

편협한 부르주아적 형태를 벗어버리면, 부는 실제로 보편적 교환에 의해 만들어진 개인의 욕구·능력·향락·생산력 등의 보편성이 아니고 무엇이겠는가? 부는 자연의 힘들 ― 이른바 자연Nature이 가진 힘과 인간 자신의 자연이 가진 힘 ― 에 대한 인간 지배의 완전한 발전이 아니고 무엇이겠는가? 부는 앞선 역사적 발전 이외에는 아무것도 전제하지 않고 인간의 창조적 소질을 절대적으로 발휘하게 하는 것이 아니고 무엇이겠는가? 그런데 이 역사적 발전은 **기존** 척도로는 측정되지 않는 인간의 모든 힘 그 자체의 발달을 목적 그 자체로 삼게 된다. 이리하여 인간은 자기 자신을 어떤 규정성에 따라 재생산하지 않고 자기의 총체성을 생산하며, 인간은 이미 생성된 어떤 것에 머무르지 않고 생성의 절대적 운동의 와중에 있게 된다.

부르주아 경제와 이것에 대응하는 생산의 시대에는, 인간의 내적 잠재력의 완전한 발휘는 자기 자신의 총체적 공동화를 야기한다. 인간의 보편적 대상화[상품생산의 보편화]는 자기의 총체적 소외를 일으키고, 자본이 기존의 일방적 목적 모두를 폐기함으로써 인간은 완전히 외적인 목적을 위해 인간의 목적 그 자체를 희생시키게 된다. 이리하여 한편으로는 유치한 고대세계가 보다 우수한 것처럼 보인다.

― 백의 2: 112~113; CW 28: 411~412; II/1.2: 392

In fact, however, if the narrow bourgeois form is peeled off, what is wealth if not the universally of the individual's need, capacities, enjoyments, productive forces, etc., produced in universal exchange; what is it not the full development of human control over the forces of nature — over the forces of so-called Nature, as well as those of his own nature? What is wealth if not the absolute unfolding of man's creative abilities, without any precondition other than the preceding historical development, which makes the totality of this development — i.e. the development of all human powers as such, not measured by any *previously given* yardstick — an end-in-itself, through which he does not reproduce himself in any specific character, but produces his totality, and does not seek to remain something he has already become, but is in the absolute movement of becoming?

In the bourgeois economy — and in the epoch of production to which it corresponds — this complete unfolding of man's inner potentiality turns into his total emptying-out. His universal objectification becomes his total alienation, and the demolition of all determined one-sided aims becomes the sacrifice of the [human] end-in-itself to a wholly external purpose. That is why, on the one hand, the childish world of antiquity appears as something superior.

(16) 소유는 '관계를 맺는 것'

소유가 본원적으로 의미하는 것은, 사람이 자기의 자연적 생산조건들에 대해 자기에게, 자기 자신에게 속하는 것으로, **자기 자신의 존재와 함께 전제되고 있는 것으로** 관계를 맺는 것에 지나지 않으며, 사람이 자기의 자연적 생산조건들에 대해 이른바 연장된 자기 신체를 이루는 자기 자신의 **자연적 전제들로서** 관계를 맺는 것에 지나지 않는다.

— CW 28: 415; MEGA II/1.2: 395

Thus originally *property* means nothing more than man's relating to his natural conditions of production as belonging to him, as his own, as *presupposed along with his own being;* his relating to them as *natural presuppositions* of himself, which constitute, as it were, only an extension of his body.

(17) 가장 극단적 소외형태는 소외의 해체를 충동한다

노동 또는 생산적 활동이 노동 자신의 조건들과 노동 자신의 생산물과 맺는 관계가 임금노동에 대한 자본의 관계로서 나타나는 **가장 극단적 소외형태**는 하나의 필연적인 통과점이다. 그러므로 이 형태는, **그 자체로서** 그러나 아직 전도된 형태일 뿐이지만, **생산을 제한하는** 모든 **조건들**의 해체를 내포하고 있으며, 생산을 위한 무조건적 전제들, 그리하여 개인의 생산력의 전체적 보편적 발달을 위한 모든 물질적 조건들을 창조하고 생산한다.

— CW 28: 439

The *most extreme form of estrangement* in which — in the relationship of capital to wage labour — labour, productive activity, appears to its own conditions and its own product, is a necessary transitional stage. This form therefore already contains *in itself*, but as yet only in inverted form, the dissolution of all *conditions restricting production*, and creates and produces the unconditional premises for production, and hence all the material conditions for the total, universal development of the productive powers of the individual.

(18) 노동은 인간 생명의 욕구이다

너는 이마에 땀을 흘려야 먹을 것을 찾으리라! 여호와가 아담에게 내린 저주였다. 그리하여 애덤 스미스는 노동을 저주라고 생각한다. 스미스에게는 '안식'은 심신에 적합한 상태이고 '자유' 및 '행복'과 동일한 것으로 나타난다. 개인은 '그의 건강·체력·혈기의 보통 상태에서는, 그리고 숙련·기교의 보통 정도에서는' 안식의 중단과 정상적인 양의 노동을 원한다는 것을 스미스는 전혀 생각하지 못하고 있다. 물론 노동의 양 그것은 달성해야 할 목적과, 이 목적의 달성을 위해 노동에 의해 극복되어야 할 여러 가지 장애에 의해 외부적으로 결정될 것이다. 그러나 이런 장애의 극복 그 자체가 자유의 실증이라는 것, 그리고 더욱이 외부의 목적이 노동에 의해 단순한 외부의 자연필연성이라는 외관을 버리고 개인 자신이 처음 제기한 목적으로 상정된다는 것, 이리하여 이 목적이 주체의 자기실현과 대상화로서, 나아가 현실적 자유로서 규정되고, 이 현실적 자유의 행동이 바로 노동이라는 것 ― 이런 것들을 스미스는 전혀 모르고 있다. ― CW 28: 529~530; MEGA II/1.2: 499

Thou shalt earn thy bread in the sweat of thy brow! was the curse which Jehovah laid on Adam. And so A. Smith conceives labour to be a curse. To him, "rest" appears as the adequate state, as identical with "liberty" and "happiness". It does not seem remotely to occur to him that the individual "in his ordinary state of health, strength, spirits, skill, dexterity" also needs a normal portion of labour and the transcendence of "rest". Certainly, the volume of labour itself appears to be externally determined by the aim to be attained and the obstacles to its attainment which has to be overcome by labour. But equally A. Smith has no inkling that the overcoming of these obstacles is in itself a manfestation of freedom ― and, moreover, that the external aims are [thereby] stripped of their character as merely external natural necessity, and become posited as aims which only the individual himself posits, that they are therefore posited as self-realisation, objectification of the subject, and thus real freedom, whose actions precisely work.

(19) 사회의 생산력 = 사회적 개인의 발달

대공업이 발달함에 따라 현실적 부의 창조는 노동시간과 노동사용량보다는 노동시간에 운동하는 작용인들作用因, agents의 힘에 의존하게 된다. 그리고 이 작용인들의 힘인 강력한 효율성은 또한 그것들의 생산에 드는 직접적 노동시간과는 아무런 관련이 없고, 과학의 일반적 발달수준과 기술과학의 발달 또는 생산에 대한 과학의 응용에 달려 있다(과학, 특히 자연과학의 발달과 다른 모든 과학의 발달은 또한 물질적 생산의 발전에 비례한다). 예컨대 농업은 사회 전체에 최대의 이익을 주기 위해 물질적 소재변환을 어떻게 제어하는가에 관한 과학의 단순한 응용으로 되고 있다. 현실적 부는, 오히려 사용노동시간과 이것의 생산물 사이의 거대한 불비례에서, 그리고 마찬가지로 순수한 추상으로까지 환원된 노동과 이 노동이 감시하는 생산과정의 힘 사이의 질적 불비례에서 분명히 자신을 드러내는데,

이것은 대공업에 의해 폭로되고 있다. 노동은 이제 생산과정에 직접 개입하는 것으로 보이지 않으며, 사람은 생산과정에 대해 감시자와 규제자로 관계하고 있다(기계장치에 대해 타당한 것은 마찬가지로 인간적 활동들의 결합과 인간적 교류의 발전에도 타당하다). 노동자는 이제 더는 변형된 자연대상을 객체와 자기 사이의 매개항으로 넣지 않으며, 지금 그는 그가 산업과정으로 전환시킨 자연과정을 자기 자신과 자기가 마음대로 조종하는 비유기적 자연 사이에 수단으로 넣고 있다. 노동자는 생산과정의 주된 작용인이기를 멈추고 생산과정 옆에 서 있다. 이런 전환이 일어나자마자, 생산과 부의 주춧돌로 나타나는 것은, 인간 자신이 행하는 직접적 노동이나 그의 노동시간이 아니라, 그가 사회적 존재인 덕택으로 가능하게 된 자기 자신의 일반적 생산력의 취득, 자연에 대한 자기의 이해와 자연의 제어, 한 마디로 말해 사회적 개인의 발달이다. — CW 29: 90~91; MEGA II/1.2: 581

In the degree in which large-scale industry develops, the creation of real wealth becomes less dependent upon labour time and the quantity of labour employed than upon the power of the agents set in motion during labour time. And their power — their POWERFUL EFFECTIVENESS — in turn bears no relation to the immediate labour time which their production costs, but depends, rather, upon the general level of development of science and the progress of technology, or on the application of science to production. (The development of science itself, especially of natural science, and with it of all the other sciences, is, in turn, related to the development of material production.) E.g. agriculture becomes mere application of the science of the exchange of matter — in terms of how that exchange can be regulated to the maximum advantage of the social body as a whole.

Real wealth manifests itself rather — and this is revealed by large-scale industry — in the immense disproportion between the labour time employed and its product, and similarly in the qualitative disproportion between labour reduced to a pure abstraction and the power of the production process which it oversees. Labour no longer appears so much as included in the production process, but rather man relates himself to that process as its overseer and regulator. (What is true of machinery is equally true of the combination of human activities and the development of human intercourse.) No longer does the worker interpose a modified natural object as an intermediate element between the object and himself; now he interposes the natural process, which he transforms into an industrial one, as an intermediary between himself and inorganic nature, which he makes himself master of. He stands beside the production process, rather than being its main agent.

Once this transformation has taken place, it is neither the immediate labour performed by man himself, nor the time for which he works, but the appropriation of his own general productive power, his comprehension of Nature and domination of it by virtue of his being a social entity — in a word, the development of the social individual — that appears as the cornerstone of production and wealth.

(20) 부의 척도는 자유롭게 처분할 수 있는 시간

노동자들이 연합을 형성한다면……, 한편으로 필요노동시간은 사회적 개인의 욕구에 의해 측정될 것이고, 다른 한편으로 사회의 생산력이 너무 빨리 발전하여, 이제 생산이 모든 사람에게 부를 [충분히] 제공할 수 있을 뿐 아니라 모든 사람에게 **자유롭게 처분할 수 있는 시간**을 증가시킬 것이다. 왜냐하면 진정한 부는 모든 개인의 발달한 생산력이기 때문이다. 그리하여 부의 척도는 이제 노동시간이 아니라 자유롭게 처분할 수 있는 시간이다.

— CW 29: 94; MEGA II/1.2: 584

Once they have done so …… then, on the one hand, necessary labour time will be measured by the needs of the social individual; and, on the other, society's productive power will develop so rapidly that, although production will now be calculated to provide wealth for all, the *DISPOSABLE TIME* of all will increase. For real wealth is the developed productive power of all individuals. Then wealth is no longer measured by labour time but by DISPOSABLE TIME.

(21) 사회 = 사회적 연관들을 맺고 있는 인간 그 자체

우리가 부르주아 사회를 전체로서 관찰한다면, 사회적 생산과정의 최후의 결과로서 나타나는 것은 항상 사회 그것, 즉 사회적 연관들을 맺고 있는 인간 그 자체이다. …… 생산과정의 조건들과 대상화들은 그 자체가 마찬가지로 생산과정의 계기들이고, 이 과정의 주체로서 나타나는 것은 오직 개인들뿐인데, 그러나 이 개인들은 자기들이 재생산하고 새롭게 생산하는 상호 연관을 맺고 있는 개인들이다. ― CW 29: 98; MEGA II/1.2: 589

If we consider bourgeois society in the round, it is always society itself, i.e. man himself in his social relations, that appears as the final result of the social production process. ……The conditions and objectifications of that process are themselves, to an equal degree, moments of it, and it is only individuals that appear as its subjects; yet individuals in relations to one another, which they reproduce just as much as they produce them anew.

4. 1859년 『정치경제학 비판을 위하여』

(22) 서문

나는 부르주아 경제의 체계를 다음과 같은 순서로 고찰한다. **자본, 토지소유, 임금노동, 국가; 대외무역, 세계시장**. 처음의 세 항목에서 나는 현대의 부르주아 사회를 갈라놓고 있는 3대 계급의 경제적 생활조건을 연구한다. 다른 세 항목의 상호관련은 자명하다. 자본을 다루는 제1권 제1편은 다음과 같은 장으로 구성된다: 1.상품; 2.화폐 또는 단순한 유통; 3.자본일반. 앞의 두 장이 이 책의 내용을 이룬다. 내가 가지고 있는 모든 자료는 독립적인 연구논문의 형태인데, 이것들은 출판하기 위해 쓴 것이 아니라 내가 문제들을 스스로 파악하기 위해 오랜 간격을 두고 쓴 것이기 때문에, 이것들[1857~1858년의 경제학 원고]을 위의 계획에 따라 체계적으로 정리하는 것은 외부 사정에 달려 있다.

내가 이미 대충 써두었던 일반적 서설[이것은 "Introduction. 1. Production, consumption, distribution, exchange(circulation)"이란 미완성 문건으로, 『정치경제학 비판 요강』에 붙어 있었다. CW 28: 17~48]은 여기에서는 뺐다. 왜냐하면 좀 더 생각해보니, 이제부터 증명해야할 결론들을 미리 내놓는 것이 혼란을 일으킬 것 같기 때문이고, 진정으로 나를 따라오려는 독자들은 개별적인 것으로부터 일반적인 것으로 올라가기를 각오해야 하기 때문이다. 그러나 여기에서 나의 경제학 연구 경로에 관해 몇 마디 하는 것은 괜찮다고 생각한다.

나의 전공은 법학이었으나 나는 철학과 역사를 연구하면서 부수적인 과목으로 법학을 연구했을 뿐이다. 1842~43년에 나는 《라인신문Rheinische Zeitung》의 주필로서 이른바 물질적 이해관계에 관해 의견을 발표하지 않을 수 없었는데 잘 알지를 못해 당황했다. 삼림 도벌과 토지 소유의 분할에 관한 라인 주 의회의 심의, 그 당시 라인 주 지사였던 폰 샤퍼von Schaper가 모젤 강 농민들의 상태에 관한 ≪라인신문≫의 보도를 반박하여 제기한 공식적 문제 제기, 그리고 마지막으로 자유무역과 보호관세에 관한 논쟁에서 첫 자극을 받아 나는 경제문제에 관심을 가지게 되었다[삼림 도벌과 폰 샤퍼에 대한 회답으로 마르크스가 쓴 기사는 다음과 같다. "Proceedings of the Sixth Rheine Province Assembly," ≪라인신문≫, 1842년 10월 25일, 27일, 30일자. CW 1: 224~263; "Justification of the correspondent from the Mosel." ≪라인신문≫, 1843년 1월 15일, 17일, 18일, 19일, 20일자. CW 1: 332~358]. 다른 한편으로, '진전하려는' 좋은 의욕이 전문지식을 가끔 대신하던 그 당시에, 약간 철학적 색채를 띤 프랑스의 사회주의와 공산주의의 메아리를 ≪라인신문≫에서 들을 수 있었다. 나는 이런 아마추어리즘에 반대했으나, 동시에 ≪아우크스부르크 종합신문≫과의 논쟁에서 나의 그 당시의 지식으로는 프랑스 사조들의 내용에 관해 어떤 판단을 내릴 수가 없다는 것을 나는 솔직히 고백했다[반동적 ≪아우크스부르크 종합신문≫과의 논쟁은 ≪라인신문≫ 1843년 1월 3일, 12일자에 있다. CW 1: 358~360]. ≪라인신문≫의 경영자들이 신문의 논조를 완화함으로써 이 신문에 내려진 폐쇄명령을 취소하게 할 수 있을지도 모른다는 환상에 잡혀 있을 때, 나는 이 기회를 이용해 사회적 무대에서 서재로 물러섰다.

나를 괴롭힌 의문들을 풀기 위해 내가 시도한 첫 작업은 헤겔의 법철학을 비판적으로 재검토하는 것이었는데, 이것의 서설이 1844년 파리에서 발행된 ≪독불연보Deutsch-Franzoesische Jahrbuecher≫에 실렸다["Contribution to the Critique of Hegel's Philosophy of Law. Introduction",『저작선집』1: 1~15; CW 3: 175~187]. 나는 연구 결과로 다음과 같은 결론에 도달했다. 즉 법률적 관계나 국가형태는 그 자체로서 이해될 수도 없고 이른바 인간정신의 일반적 발전에 의해서도 이해될 수 없다는 점, 오히려 그것들은 물질적 생활조건들 — 이 총체를 헤겔은 18세기 영국과 프랑스의 사상가들의 전례를 따라 '시민사회' 라고 부른다 — 에 뿌리를 박고 있다는 점, 그리고 이 시민사회의 해부는 정치경제학에서 찾아야 한다는 점 등이었다[마르크스는 bürgerliche Gesellschaft라는 용어를 광의로는 물질적 생활조건 일반을 가리키는 시민사회civil society로 사용하기도 하고, 협의로는 부르주아 사회의 물질적 생활조건을 가리키는 부르주아 사회bourgeois society로 사용하기도 한다]. 파리에서 시작한 정치경제학 연구는 기조Guizot의 추방명령

[1845년 1월 11일]에 따라 브뤼셀에 가서도 계속되었다. 내가 얻은 결론이고 한번 터득하자마자 내 모든 연구의 길잡이가 된 결론은 다음과 같이 요약할 수 있다.

"인간들은 자기들의 생존을 사회적으로 영위하는 과정에서 자기들의 의지와는 독립적인 일정한 관계, 즉 자기들의 물질적 생산력의 일정한 발전단계에 알맞은 생산관계를 필연적으로 맺게 된다. 이 생산관계들의 총체가 사회의 경제적 구조, 현실적 토대를 이루며, 이 위에 법률적·정치적 상부구조가 서고 그 토대에 알맞은 일정한 형태의 사회적 의식이 생긴다. 물질적 생활의 생산방식이 사회적·정치적·정신적 생활 일반을 제약한다. 인간의 의식이 인간의 존재를 규정하는 것이 아니라 인간의 존재가 인간의 의식을 규정한다. 사회의 물질적 생산력은 발전의 특정 단계에서 생산력이 이제까지 그 테두리 안에서 발전해온 기존 생산관계 또는 이것의 법률적 표현일 뿐인 소유관계와 모순을 일으키게 된다. 이 생산관계가 생산력을 발전시키는 형태로부터 생산력을 속박하는 형태로 전환한다는 말이다. 이때에 사회혁명의 시대가 시작된다. 경제적 토대의 변화는 조만간 거대한 상부구조 전체를 변혁하게 된다. 이러한 변혁을 공부할 때, 자연과학적으로 정확하게 확인할 수 있는 경제적 생산조건의 물질적 변혁과, 인간들이 이 모순과 충돌을 의식하게 되어 해결하려고 투쟁하는 법률적·정치적·종교적·예술적 또는 철학적 형태, 요컨대 이데올로기적 형태를 구별해야만 한다. 사람이 자기 자신을 어떻게 생각하느냐에 따라 그 사람을 판단하지 않듯이, 우리는 이 변혁의 시대를 그 시대의 의식에 의해 판단할 수는 없으며, 오히려 물질적 생활의 모순들, 사회적 생산력과 생산관계 사이의 충돌로부터 그 시대의 의식을 설명해야만 한다. 어떤 사회구성체도 그것이 충분한 발전 여지를 주는 생산력이 다 발전하기 전에는 결코 멸망하지 않으며, 그리고 새로운 뛰어난 생산관계도 자신의 물질적 존재조건이 낡은 사회의 태내에서 성숙하기 전에는 낡은 생산관계를 대체하지 않는다. 이처럼 인류는 언제나 자기가 해결할 수 있는 문제만을 제기한다. 왜냐하면 좀 더 자세히 검토하면, 문제 그 자체는 그것을 해결할 물질적 조건이 이미 있거나 적어도 형성과정에 있는 경우에만 생기기 때문이다. 대체로 말해 아시아적, 고대적, 봉건적 그리고 현대 부르주아적 생산양식을 경제적 사회구성체의 순차적 시기라고 말할 수 있을 것이다. 부르주아적 생산관계는 사회적 생산과정의 최후의 적대적 형태이다. 여기서 적대적이라고 말하는 것은 개인적 적대를 가리키는 것이 아니라 개인들의 사회적 생활조건에서 생기는 적대를 가리킨다. 그런데 부르주아 사회의 태내에서 발전하는 생산력은 동시에 이 적대를 해결할 물질적 조건을 만들어낸다. 따라서 인간 사회의 전사prehistory는 이 사회구성체와 더불어 끝난다."

경제적 범주들을 비판한 프리드리히 엥겔스의 천재적 논문["Outlines of a Critique of Political Economy", CW 3: 418~443]이 ≪독불연보≫에 발표된 이래 나는 그와 끊임없이 편지로 의견을 교환했는데, 그는 다른 경로를 거쳐(그의 『잉글랜드 노동계급의 처지』를 참조하라)[『저작선집』 1: 125~184; CW 4: 295~583] 나와 동일한 결론에 도달했다. 그리하여 1845년 봄에 그도 브뤼셀에 이주해 왔을 때, 우리는 독일철학의 이데올로기적 견해에 대립하는 우리의 견해를 함께 만들어낼 것을, 사실상 우리의 이전의 철학적 의식과 결별하기로 결의했다. 이 시도는 헤겔 이후의 철학에 대한 비판이라는 형태로 수행되었다. 두 권의 두꺼운 팔절판으로 된 원고["The German Ideology: Critique of Modern German Philosophy According to Its Representatives Feuerbach, B. Bauer and Stirner, and of German Socialism According to Its Various Prophets", 『저작선집』 1: 191~264; CW 5: 19~581]. 이 원고는 2012년 1월에도 완전히 정리되지 않아 새로운 MEGA에서도 출간되지 않고 있다]가 베스트팔렌의 출판사에 오래전에 가 있었으나 그 뒤 우리는 사정이 변해서 그것을 출판할 수 없다는 통보를 받았다. 우리는 우리의 생각을 명확하게 한다는 주된 목적을 달성했기 때문에, 그 원고를 기꺼이 쥐들의 갉아먹는 비판에 맡겼다. 그 당시 우리가 우리 견해의 이런 저런 측면을 공개한 개별적 저작 중에서 엥겔스와 나의 공저인 『공산당 선언』[『저작선집』 1: 399~433; CW 6: 477~519]과 나 혼자 발표한 「자유무역 문제에 관한 연설」[『저작선집』 1: 344~359; CW 6: 450~465]만을 언급하고 싶다. 우리 견해의 핵심은 내가 프루동Proudhon을 비판한 저서 『철학의 빈곤』(1847년)[『저작선집』 1: 발췌 265~297; CW 6: 105~212]에서 비록 논쟁적이긴 하지만 처음으로 과학적 형식에 의해 제시되었다. 브뤼셀의 독일노동자협회에서 행한 임금노동에 관한 나의 강연들을 모은 「임금노동」이라는 독일어 논문의 출판은 2월 혁명과 이에 뒤따른 나의 벨기에 추방에 의해 중단되었다[이 독일어 논문을 토대로 마르크스가 1849년 4월 5~8일과 11일에 ≪신新라인신문≫에 '임금노동과 자본'을 연재했다. 『저작선집』 1: 545~572; CW 9: 197~228].

1848년과 1849년의 ≪신라인신문≫ 발간과 그 뒤의 사건들로 말미암아 나는 경제학 연구를 중단할 수밖에 없었고 1850년에야 비로소 런던에서 재개할 수 있었다. 정치경제학의 역사에 관한 방대한 자료가 대영박물관에 쌓여 있었고, 런던은 부르주아 사회를 관찰할 유리한 지점이며 캘리포니아와 오스트레일리아의 금 발견으로 부르주아 사회가 새로운 발전단계에 들어선 것처럼 보였으므로, 나는 연구를 완전히 처음부터 다시 시작할 것과 새로운 자료를 비판적으로 철저하게 연구할 것을 결심하게 되었다. 내가 이런 연구들에서 시간을 너무 많이 쓰게 된 것은, 부분적으로는 아무런 연관도 없어 보이는 주제들까지 붙잡아 시간을 보냈기 때문이고, 특히 생활비를 벌어야 할 긴박한 사정 때문이었다. 내가 일류 영자신문인 ≪뉴욕트리뷴≫에 기고하기 시작한 지도 이제 8년이 되어 가는데, 나는 엄격한 의미에서 현지 특파원의 기사만을 써야 하기 때문에, 나의 본래 연구는 파편화되지 않을 수 없었다. 나의 기고의 대부분은 영국과 대륙의 주요한 경제사건을 다루는 논설로 구성되기 때문에, 엄격히 말해 정치경제학의 영역 밖에 있는 실무적인 세부사항에 대해 정통하지 않으면 안 되었다.

이렇게 정치경제학 영역에서 나의 연구과정을 대체로 이야기한 것은, 나의 견해 ― 사람들이 이것을 어떻게 판단하더라도 그리고 이것이 지배계급의 이기적 편견과 일치하는 점이 거의 없다 하더라도 ― 가 여러 해에 걸친 양심적인 연구의 결과라는 것을 증명하려고 한 것에 지나지 않는다. 지옥의 입구에서와 마찬가지로 과학의 입구에도 다음과 같은 요구사항이 걸려 있어야 한다.

   여기에서는 모든 걱정을 버려야 한다.
   여기에서는 비겁이 사라져야 한다. [단테『신곡』: 지옥편, III곡]

카를 마르크스
1859년 1월, 런던
―『저작선집』 2: 474~480; CW 29: 261~265

I examine the system of bourgeois economy in the following order: *capital, landed property, wage-labour; the State, foreign trade, world market*. The economic conditions of existence of the three great classes into which modern bourgeois society is divided are analysed under the first three headings; the interconnection of the other three headings is self-evident. The first part of the first book, dealing with Capital, comprises the following chapters: 1. The commodity, 2. Money or simple circulation, 3. Capital in general. The present part consists of the first two chapters. The entire material lies before me in the form of monographs, which were written not for publication but for self-clarification at widely separated periods; their remoulding into an integrated whole according to the plan I have indicated will depend upon circumstances.

A general introduction, which I had drafted, is omitted, since on further consideration it seems to me confusing to anticipate results which still have to be substantiated, and the reader who really wishes to follow me will have to decide to advance from the particular to the general. A few brief remarks regarding the course of my study of political economy may, however, be appropriate here.

Although jurisprudence was my special study, I pursued it as a subject subordinated to philosophy and history. In the year 1842-43, as editor of the *Rheinische Zeitung*, I first found myself in the embarrassing position of having to discuss what is known as material interests. The deliberations of the Rhine Province Assembly on forest thefts and the division of landed property; the official polemic started by Herr von Schaper, then Oberpräsident of the Rhine Province, against the *Rheinische Zeitung* about the condition of the Moselle peasantry, and finally the debates on free trade and protective tariffs caused me in the first instance to turn my attention to economic questions. On the other hand, at that time when good intentions "to push forward" often took the place of factual knowledge, an echo of French socialism and communism, slightly tinged by philosophy, was noticeable in the *Rheinische Zeitung*. I objected to this dilettantism, but at the same time frankly admitted in a controversy with the *Allgemeine Augsburger Zeitung* that my previous studies did not allow me to express any opinion on the content of the French theories. When the publishers of the *Rheinische Zeitung* conceived the illusion that by a more compliant policy on the part of the paper it might be possible to secure the abrogation of the death sentence passed upon it, I eagerly grasped the opportunity to withdraw from the public stage to my study.

The first work which I undertook to dispel the doubts assailing me was a critical re-examination of the Hegelian philosophy of law; the introduction to this work being published in the *Deutsch-Französische Jahrbücher* issued in Paris in 1844. My inquiry led me to the conclusion that neither legal relations nor political forms could be comprehended whether by themselves or on the basis of a so-called general development of the human mind, but that on the contrary they originate in the material conditions of life, the totality of which Hegel, following the example of English and French thinkers of the eighteenth century, embraces within the term "civil society"; that the anatomy of this civil society, however, has to be sought in political economy. The study of this, which I began in Paris, I continued in Brussels, where I moved owing to an expulsion order issued by M. Guizot. The general conclusion at which I arrived and which, once reached, became the guiding principle of my studies can be summarised as follows.

In the social production of their existence, men inevitably enter Into definite relations, which are independent of their will, namely relations of production appropriate to a given stage in the development of their material forces of production. The totality of these relations of production constitutes the economic structure of society, the real foundation, on which arises a legal and political superstructure and to which correspond definite forms of social consciousness. The mode of production of material life conditions the general process of social, political and intellectual life. It is not the consciousness of men that determines their existence, but their social existence that determines their consciousness. At a certain stage of development, the material productive forces of society come into conflict with the existing relations of production or — this merely expresses the same thing in legal terms — with the property relations within the framework of which they have operated hitherto. From forms of development of the productive forces these relations turn into their fetters. Then begins an era of social revolution. The changes in the economic foundation lead sooner or later to the transformation of the whole immense superstructure. In studying such transformations it is always necessary to distinguish between the material transformation of the economic conditions of production, which can be determined with the precision of natural science, and the legal, political, religious, artistic or philosophic — in short, ideological forms in which men become conscious of this conflict and fight it out. Just as one does not judge an individual by what he thinks about himself, so one cannot judge such a period of transformation by its consciousness, but, on the contrary, this consciousness must be explained from the contradictions of material life, from the conflict existing between the social forces of production and the relations of production. No social order is ever destroyed before all the productive forces for which it is sufficient have been developed, and new superior relations of production never replace older ones before the material conditions for their existence have matured within the framework of the old society. Mankind thus inevitably sets itself only such tasks as it is able to solve, since closer examination will always show that the problem itself arises only when the material conditions for its solution are already present or at least in the course of formation. In broad outline, the Asiatic, ancient, feudal and modern bourgeois modes of production may be designated as epochs marking progress in the economic development of society. The bourgeois mode of production is the last antagonistic form of the social process of production — antagonistic not in the sense of individual antagonism but of an antagonism that emanates from the individuals' social conditions of existence — but the productive forces developing within bourgeois society create also the material conditions for a solution of this antagonism. The prehistory of human society accordingly closes with this social formation.

Frederick Engels, with whom I maintained a constant exchange of ideas by correspondence since the publication of his brilliant essay on the critique of economic categories (printed in the *Deutsch-Französische Jahrbücher*), arrived by another road (compare his *Condition of the Working-Class in England*) at the same result as I, and when in the spring of 1845 he too came to live in Brussels, we decided to set forth together our conception as opposed to the ideological one of German philosophy, in fact to settle accounts with our former philosophical conscience. The intention was carried out in the form of a critique of post-Hegelian philosophy. The manuscript [The German Ideology], two large octavo volumes, had long ago reached the publishers in Westphalia when we were informed that owing to changed circumstances it could not be printed. We abandoned the manuscript to the gnawing criticism of the mice all the more willingly since we had achieved our main purpose — self-clarification. Of the scattered works in which at that time we presented one or another aspect of our views to the public, I shall mention only the *Manifesto of the Communist Party*, jointly written by Engels and myself, and a *Speech on the Qustion of Free Trade*, which I myself published. The salient points of our conception were first outlined in an academic, although polemical, form in my *Poverty of Philosophy* ……, this book which was aimed at Proudhon appeared in 1847. The publication of an essay on *Wage-Labour* written in German in which I combined the lectures I had held on this subject at the German Workers' Association in Brussels, was interrupted by the February Revolution and my forcible removal from Belgium in consequence.

The publication of the *Neue Rheinische Zeitung* in 1848 and 1849 and subsequent events cut short my economic studies, which I could only resume in London in 1850. The enormous amount of material relating to the history of political economy assembled in the British Museum, the fact that London is a convenient vantage point for the observation of bourgeois society, and finally the new stage of development which this society seemed to have entered with the discovery of gold in California and Australia, induced me to start again from the very beginning and to work carefully through the new material. These studies led partly of their own accord to apparently quite remote subjects on which I had to spend a certain amount of time. But it was in particular the imperative necessity of earning my living which reduced the time at my disposal. My collaboration, continued now for eight years, with the *New York Tribune*, the leading Anglo-American newspaper, necessitated an excessive fragmentation of my studies, for I wrote only exceptionally newspaper correspondence in the strict sense. Since a considerable part of my contributions consisted of articles dealing with important economic events in Britain and on the continent, I was compelled to become conversant with practical detail which, strictly speaking, lie outside the sphere of political economy.

This sketch of the course of my studies in the domain of political economy is intended merely to show that my views — no matter how they may be judged and how little they conform to the interested prejudices of the ruling classes — are the outcome of conscientious research carried on over many years. At the entrance to science, as at the entrance to hell, the demand must be made:

Qui si convien lasciare ogni sospetto
Ogni vilta convien che qui sia morta.

Karl Marx
London, January 1859

5. 『1861~1863년 초고』·『1861~1864년 초고』

(23) 사회적 생산 = 연합의 생산

리카도와 기타 사람들이 과잉생산 등에 대해 제기한 모든 반대는, 그들이 부르주아 생산을 구매와 판매가 구별되지 않는 물물교환이 행해지는 생산양식으로 이해하거나, 아니면 부르주아 생산을 하나의 계획에 따라 사회가 생산수단과 생산력들을 사회의 여러 가지 욕구의 충족에 필요한 정도에 따라 배분하고, 이리하여 각각의 생산부문은 사회의 자본 중 자기 부문의 욕구 충족에 필요한 몫만큼 할당받는 식의 **사회적** 생산이라고 이해한 결과이다.
— 『1861~1863년 초고』. CW 32: 158; II/3.3: 1149

All the objections which Ricardo and others raise against overproduction, etc., rest on the fact that they regard bourgeois production either as a mode of production in which no distinction exists between purchase and sale — direct barter — or as *social* production, implying that society, as if according to a plan, distributes its means of production and productive forces in the degree and measure which is required for a fulfillment of the various social needs, so that each sphere of production receives the *quota* of social capital required to satisfy the corresponding the need.

(24) 생산조건들의 소유의 의미

자유로운 노동이 기초가 되는 것에 관해 말하면, 이것이 가능한 것은 노동자들이 자기의 생산조건들의 소유자인 경우뿐이다. 자유로운 노동은 자본주의적 생산의 틀 안에서는 **사회적** 노동으로 발전한다. 따라서 노동자들이 생산조건들의 소유자라고 말하는 것은, 생산조건들이 사회적으로 된 노동자들의 것이고, 그들은 사회적으로 된 노동자로서 생산을 행하며, 그들 자신의 생산은 그들에 의해 공동으로 제어되고 있다는 것과 마찬가지 의미이다.
— 『1861~1863년 초고』, CW 32: 528; II/3.4: 1523~1524

On the basis of free labour, this is only possible where the workers are the owners of their conditions of production. Free labour develops within the framework of capitalist production as *social* labour. To say that they are the owners of the conditions of production amounts to saying that these belong to the united workers and that they produce as such, and that their own output is controlled jointly by them.

(25) 노동자와 노동조건들 사이의 본원적 통일

노동자와 노동조건들 사이의 본원적 통일(노동자 자신이 객체적 노동조건에 속하는 노예제는 제외한다)에는 두 가지 주요 형태가 있다. 아시아적 공동체(자연발생적 공산주의)와 이런저런 형태의 소규모 가족농업(가내공업이 결부되어 있다)이 그것이다. 두 형태 모두 유아이고 노동을 **사회적** 노동으로 발전시켜 사회적 노동의 생산력을 발전시키기에는 적합하지 않다. 따라서 노동과 소유(생산조건들의 소유라고 이해해야 한다)의 분리·절단·대립의 필연성이 있다. 이 절단의 극단적 형태이면서 동시에 사회적 노동의 생산력을 가장 강력하게 발전시킨 형태는 자본이다. 자본이 창조하는 물질적 기초 위에서, 그리고 이 창조과정에서 노동자계급과 사회 전체가 겪는 여러 가지 혁명에 의해서, 비로소 노동자와 노동조건들과의 본원적 통일이 재건될 수 있다.
— 『1861~1863년 초고』, CW 33: 340; MEGA II/3.5: 1854~1855

The original unity between the worker and the conditions of labour (abstracting from slavery, where the labourer himself belongs to the objective conditions of labour) has two main forms: the Asiatic communal system (primitive communism) and small-scale agriculture based on the family (and linked with domestic industry) IN ONE OR THE OTHER FORM. Both are embryonic forms and both are equally unfitted to develop labour as *social* labour and the productive power of social labour. Hence the necessity for the separation, for the rupture, for the antithesis of labour and property (by which property in the conditions of production is to be understood). The most extreme form of this rupture, and the one in which the PRODUCTIVE FORCES OF SOCIAL LABOUR ARE also MOST POWERFULLY DEVELOPED, is capital. The original unity can be re-established only on the material foundation which capital creates and by means of the revolutions which, in the process of this creation, the working class and THE WHOLE SOCIETY UNDERGO.

(26) 생산양식과 분배관계의 역사성

부르주아적 생산양식과 이것에 상응하는 생산·분배 관계가 **역사적인** 것으로 인식되자마자, 그것들을 생산의 자연법칙이라고 보는 망상은 사라지고, 부르주아적 생산양식이 앞으로 나아가야 할 새로운 사회, 새로운 경제적 사회구성체에 대한 전망이 열린다.

— 『1861~1863년 초고』, CW 33: 346

From the moment that the bourgeois mode of production and the conditions of production and distribution which correspond to it are recognised as *historical*, the delusion of regarding them as natural laws of production vanishes and the prospect opens up of a new society, [a new] economic formation of society, to which the bourgeois mode of production is only the transition.

(27) 개개인의 점유

여기에서의 **적극적 성과**는 증가한 양의 생활수단을 생산하는 데 필요한 노동시간이 감소하는 것, 이 성과가 노동의 사회적 형태에 의해 달성된다는 것, 그리고 생산조건들에 대한 개개인의 점유는 불필요할 뿐 아니라 대규모 생산과 맞지 않는 것으로 나타난다는 것이다.

— 『1861~1864년 초고』, CW 34: 108; II/3.6: 2144

The *positive result* here is a fall in the labour time needed to produce an increased quantity of means of subsistence; this result is attained through the social form of labour, and the individual's ownership of the conditions of production appears as not only unnecessary but incompatible with this production on a large scale.

(28) 사회적 소유

위 사실은 자본주의적 생산양식에서는 자본가 — **비노동자** — 가 사회적으로 대규모의 생산수단의 소유자라는 형태로 표현되고 있다. 자본가는 실제로 노동자들에 대해 그들의 사회적 결합, 그들의 사회적 통일을 대표할 뿐이다. 그러므로 이 모순적 형태가 사라지면, 이 결과 등장하는 것은 노동자들이 이 생산수단을 **사적 개인**으로서가 아니라 **사회적으로** 점유하게 되는 것이다. 자본주의적 소유는 생산조건들에 대한 (그리고 생산물에 대한, 왜냐하면 생산물은 끊임없이 생산조건들로 전환하기 때문이다) 노동자들의 이런 사회적 소유 — 즉 부정된 개별적 소유 — 의 모순적 표현일 뿐이다.

— 『1861~1864년 초고』, CW 34: 108; II/3.6: 2144

This is represented in the capitalist mode of production by the fact that the capitalist — the *non-worker* — is the owner of these social masses of means of production. He only in fact represents towards the workers their unification, their social unity. Therefore, as soon as this contradictory form ceases to exist, it emerges that they own these means of production *socially*, not as *private individuals*. Capitalist property is only a contradictory expression of their social property — i.e. their negated individual property — in the conditions of production. (Hence in the product. For the product is constantly changing into the conditions of production.)

(29) 개별적 소유와 사회적 소유

또한 명확히 되는 것은, 이 전환[개별적 점유로부터 사회적 점유로]은 물질적 생산력의 일정한 발전을 필요로 한다는 점이다. 소농민의 경우 자기가 경작하는 작은 토지는 **자기의 것**인데, 이것을 자기의 생산도구로 소유하는 것은 자기의 노동에 대한 필요한 박차이고 조건이다. 수공업의 경우에도 마찬가지이다. 대공업에서와 마찬가지로 대농업에서 이 노동이 생산조건들로부터 **비로소 분리되지 않으면 안 되는 것**이 아니라 이 분리는 **사실상 이미 존재하고 있다**. 시스몽디가 한탄한 소유와 노동의 이런 분리는 생산조건들에 대한 소유를 **사회적 소유**로 전환시키는 데 필요한 변화이다. 개개의 노동자가 **개개인으로서** 생산조건들을 소유하는 상태가 재건될 수 있다면, 이것은 오직 생산력과 대규모 노동의 발달 모두를 해체하는 것에 의해서만 가능할 것이다.

— 『1861~1864년 초고』, CW 34: 108~109; II/3.6: 2144~2145

It appears at the same time that this transformation requires a certain stage of development of the material forces of production. E.g., in the case of the small PEASANT the piece of land he tills is *his*. The ownership of this, as his instrument of production, is the necessary spur to, and condition of, his labour. Similarly with handicrafts. In large-scale agriculture, as in large-scale industry, this labour *does not first have to be separated* from property in the conditions of production, *the separation already in fact exists*; this separation of property from labour, which is bemoaned by Sismondi, is a necessary transition to the conversion of property in the conditions of production into *social property*. The individual worker could only be restored as an *individual* to property in the conditions of production by divorcing productive power from the development of labour on a large scale.

(30) 연합한 사회적 개인의 소유

이 노동에 대한 자본가의 **타인소유**[자본가에 의한 타인노동의 소유]가 폐기될 수 있는 것은, 오직 자본가의 소유를 자립적 개별성의 개별자가 아닌 사람의 소유, 즉 **연합한 사회적 개인**의 소유로 전환하는 것에 의해서이다.

— 『1861~1864년 초고』, CW 34: 109; II/3.6: 2145

The *alien property* of the capitalist in this labour can only be abolished by converting his property into the property of the non-individual in its independent singularity, hence of the *associated, social individual*.

(31) 노동자계급의 자각

[노동자들이] 생산물을 자기 자신의 것으로 인정하는 것, 그리하여 자기가 자기[의 노동]를 실현할 조건[생산수단과 생활수단]으로부터 분리된 것이 불공정하다는 것, 즉 **폭력에 의해 강제된 관계**라는 것을 알게 된 것은 거대한 자각이며, 이 자각 **자체**는 자본주의적 생산양식의 산물이다. 이 자각이 자본주의적 생산양식을 멸망시키는 전조인 것은, 마치 노예가 자기는 **다른 사람의 소유가 될 수 없다**는 의식을 가지게 되자마자, 노예제는 인위적이고 너무 오래 질질 끌어온 제도로 인식되어 생산의 토대로 역할을 할 수 없게 된 것과 마찬가지이다.

— 『1861~1864년 초고』, CW 34: 246; II/3.6: 2287

The recognition of the product as its own, and its awareness that its separation from the conditions of its realisation is an injustice — *a relationship imposed by force* — is an enormous consciousness, *itself the product* of the capitalist mode of production and just as much the KNELL TO ITS DOOM as the consciousness of the slave that he *could not be the property of another* reduced slavery to an artificial, lingering existence, and made it impossible for it to continue to provide the basis of production.

(32) 노동의 소외과정

　노동자에 대한 자본가의 지배는, 인간에 대한 물상의 지배, 살아 있는 노동에 대한 죽은 노동의 지배, 생산자에 대한 생산물의 지배이다. 왜냐하면 노동자에 대한 지배수단(**자본** 그것의 지배수단에 지나지 않지만)으로 되는 상품들은 사실상 생산과정의 결과이고 생산과정의 생산물이기 때문이다. 이것은 이데올로기 영역에서 **종교**가 대표하고 있는 것과 **같은 관계** — 주체가 객체로 전도되고 객체가 주체로 전도되는 것 — 가 물질적 생산 영역, 현실의 사회적 생활과정(이것은 생산과정이다)에서 나타나고 있는 것이다. **역사적으로** 보면, 이 전도는 부 자체의 창조, 즉 자유로운 인간사회의 물질적 토대를 유일하게 형성할 수 있는 사회적 노동의 생산력의 무자비한 발전을 대중의 희생으로 강요하기 위한 필연적 통과점으로 나타난다. 이런 적대적 형태를 통과하지 않으면 안 되는 것은, 인간이 자기의 정신력을 먼저 자기와는 독립적인 힘으로써 종교적 형태로 형성하지 않으면 안 되는 것과 마찬가지이다. 이것이 인간 자신의 노동의 소외과정이다.

—『1861~1864년 초고』, CW 34: 398~399

　The rule of the capitalist over the worker is therefore the rule of the object over the human, of dead labour over living, of the product over the producer, since in fact the commodities which become means of domination over the worker (but purely as means of the rule of *capital* itself) are mere results of the production process, *the* products of the production process. This is exactly *the same* relation in the sphere of material production, in the real social life process — for this is the production process — as is represented by *religion* in the ideological sphere: the inversion of the subject into the object and *vice versa*. Looked at *historically* this inversion appears as the point of entry necessary in order to enforce, at the expense of the majority, the creation of wealth as such, i.e. the ruthless productive powers of social labour, which alone can form the material basis for a free human society. It is necessary to pass through this antagonistic form, just as man had first to shape his spiritual forces in a religious form, as powers independent of him. It is the *alienation process* of his own labour.

6. 1864~1866년 「국제노동자협회 창립선언」 등

(33) 협동조합 공장

그러나 소유의 경제학에 대한 노동의 경제학의 더욱 큰 승리가 준비되어 있었다. 우리가 이야기하는 것은 협동조합 운동, 특히 소수의 대담한 '노동자들'이 외부의 원조도 받지 않고 자력으로 창립한 협동조합 공장이다. 이런 위대한 사회적 실험의 가치는 아무리 높이 평가해도 부족하다. 그들은 논의가 아니라 행위에 의해 다음을 증명했다. 즉, 현대과학의 지휘에 따라 대규모로 운영되는 생산은 노동자계급을 고용하는 주인 계급이 없더라도 수행될 수 있다는 것, 열매를 낳기 위해서는 노동수단이 노동자 자신에 대한 지배와 착취의 수단으로서 독점될 필요가 없다는 것, 그리고 임금노동은 노예노동이나 농노노동과 마찬가지로 일시적이고 저급한 형태의 노동에 지나지 않으며, 자발적 손과 임기응변적 정신과 즐거운 마음으로 자기 일을 부지런히 하는 연합한 노동associated labour 앞에서 사라질 운명에 있다는 것 등이다. 영국에서 협동조합제도의 종자를 뿌린 사람은 로버트 오언이었고, 대륙에서 노동자가 시도한 실험들은 사실상 1848년에 발명된 것이 아니라 소리 높게 선언된, 이론들의 실천적 귀결이었다. ―『국제노동자협회 창립선언』,『저작선집』 3: 11; CW 20: 11; I/20: 10

But there was in store a still greater victory of the political economy of labour over the political economy of property. We speak out of the co-operative movement, especially the co-operative factories raised by the unassisted efforts of a few bold "hands". The value of these great social experiments cannot be overrated. By deed, instead of by argument, they have shown that production on a large scale, and in accord with the behests of modern science, may be carried on without the existence of a class masters employing a class of hands; that to bear fruit, the means of labour need not be monopolised as a means of dominion over, and of extortion against, the labouring man himself; and that, like slave labour, like serf labour, hired labour is but a transitory and inferior form, destined to disappear before associated labour plying its toil with a willing hand, a ready mind, and a joyous heart. In England, the seeds of the co-operative system were sown by Robert Owen; the working men's experiments tried on the Continent, were, in fact, the practical upshot of the theories, not invented, but loudly proclaimed, in 1848.

(34) 협동조합 운동을 전국적으로, 그리고 정치권력의 획득으로

동시에 1848년에서 1864년까지의 경험은 다음을 의심할 여지없이 증명했다. 즉 협동조합 운동은, 원리에서 아무리 탁월하고 실천에서 아무리 유익하더라도, 만약 그것이 개별 노동자들의 일시적 노력이라는 협소한 범위에 머문다면, 독점의 기하급수적 성장을 억제할 수 없고, 대중을 해방할 수 없으며, 심지어 대중의 빈곤이라는 짐을 눈에 띄게 덜어 줄 수도 없다는 것이다. …… 근로대중을 구출하기 위해서는 협동조합 운동을 전국적 규모로 발전시켜야 하고, 따라서 국민의 자금으로 조성해야 할 것이다. 그러나 토지 귀족과 자본 귀족은 자기의 경제적 독점의 방어와 영구화를 위해 언제나 자기의 정치적 특권을 사용할 것이다. …… 이리하여 정치권력을 획득하는 것이 노동자계급의 커다란 의무가 되었다. 노동자들은 이것을 이해한 것 같다. 왜냐하면 영국·독일·이탈리아·프랑스에서 동시에 노동운동이 부활하고 노동자 정당의 정치적 재조직을 위한 노력이 동시에 행해지고 있기 때문이다. ― 『국제노동자협회 창립선언』. 『저작선집』 3: 11~12; CW 20: 11~12; I/20: 10~11

At the same time, the experience of the period from 1848 to 1864 has proved beyond doubt that, however excellent in principle, and however useful in practice, co-operative labour, if kept within the narrow circle of the casual efforts of private workmen, will never be able to arrest the growth in geometrical progression of monopoly, to free the masses, nor even to perceptibly lighten the burden of their miseries. ...... To save the industrious masses, co-operative labour ought to be developed to national dimensions, and, consequently, to be fostered by national means. Yet, the lord of land and the lords of capital will always use their political privileges for the defence and perpetuation of their economical monopolies. ...... To conquer political power has therefore became the great duty of the working classes. They seem to have comprehended this, for in England, Germany, Italy, and France there have taken place simultaneous revivals, and simultaneous efforts are being made at the political reorganization of the working men's party.

(35) 협동조합 운동의 방향

ⓐ 우리는 협동조합 운동이 계급적대에 의거한 현재의 사회를 변혁할 세력의 하나라는 것을 인정한다. 이 운동의 큰 장점은 자본에 대한 **노동의 종속**이라는 궁핍을 일으키는 현재의 독재적 시스템을 **자유롭고 평등한 생산자들의 연합**이라는 공화주의적이고 복지창조적 시스템에 의해 지양할 수 있다는 것을 실제로 증명하고 있다는 점에 있다.

ⓑ 그러나 협동조합제도가 개별 임금노예들의 개인적 노력에 의해 추진될 정도로 영세한 형태에 제한된다면, 이 제도는 결코 자본주의 사회를 변혁시킬 수 없을 것이다. 사회적 생산을 자유롭고 협동조합적 노동의 하나의 거대한 조화로운 시스템으로 전환시키기 위해서는, **전반적인 사회적 변화들, 사회의 전반적 조건들의 변화**가 필요하다. 그런데 이런 변화는 사회의 조직된 힘, 즉 국가권력을 자본가와 지주로부터 생산자들 자신에게로 이전시키지 않고서는 결코 실현할 수 없다.

ⓒ 우리는 노동자들에게 **협동조합 상점**보다는 **협동조합적 생산**에 종사할 것을 권고한다. 전자는 현재의 경제시스템의 표면을 손댈 뿐이지만, 후자는 그 토대를 공격한다. ⓓ 우리는 모든 협동조합에게 실례와 교훈에 의해 자기의 원리를 전파하기 위해 그리고 교육과 설득에 의해 새로운 협동조합 공장의 설립을 촉진하기 위해, 자기의 공동수입의 일부로 기금을 만들 것을 권고한다.

ⓔ 협동조합이 보통의 중간계급의 주식회사로 타락하는 것을 막기 위해, 고용된 모든 노동자는, 주주이건 아니건, 동등한 주식 몫을 가지지 않으면 안 된다. 오직 일시적 방편으로 주주에게 낮은 율의 이자를 지급하는 것을 우리는 허용할 것이다.

— 『임시일반평의회 대의원에게 보낸 지시. 각종 문제들』.
『저작선집』 3: 137; CW 20: 190; MEGA I/20: 231~232

(a) We acknowledge the co-operative movement as one of the transforming forces of the present society based upon class antagonism. Its great merit is to practically show, that the present pauperising, and despotic system of the *subordination of labour* to capital can be superseded by the republican and beneficent system of *the association of free and equal producers*.

(b) Restricted, however, to the dwarfish forms into which individual wages slaves can elaborate it by their private efforts, the co-operative system will never transform capitalist society. To convert social production into one large and harmonious system of free and co-operative labour, *general social changes* are wanted, *changes of the general conditions of society*, never to be realised save by the transfer of the organised forces of society, viz., the state power, from capitalists and landlords to the producers themselves.

(c) We recommend to the working men to embark in *co-operative production* rather than in *co-operative stores*. The latter touch but the surface of the present economical system, the former attacks its groundwork.

(d) We recommend to all co-operative societies to convert one part of their joint income into a fund for propagating their principles by example as well as by precept, in other words, by promoting the establishment of new co-operative fabrics, as well as by teaching and preaching.

(e) In order to prevent co-operative societies from degenerating into ordinary middle-class joint stock companies (sociétés par actions), all workmen employed, whether shareholders or not, ought to share alike. As a mere temporary expedient, we are willing to allow shareholders a low rate of interest.

7. 『자본론』 제1권

(36) 노동자는 자본의 인격화인 자본가와 대결한다

있을지도 모를 오해를 피하기 위해 한마디 하겠다. 자본가와 지주를 나는 결코 장밋빛으로 아름답게 그리지는 않는다. 그러나 여기서 개인들이 문제로 되는 것은 오직 그들이 경제적 범주의 인격화이고, 일정한 계급관계와 이해관계의 담당자인 한에서이다. 경제적 사회구성체의 발전을 자연사적 과정으로 보는 나의 입장에서는, 다른 입장과는 달리, 개인이 이런 관계들에 책임이 있다고 생각하지 않는다. 또한 개인은 주관적으로는 아무리 이런 관계들을 초월하고 있다고 하더라도, 사회적으로는 여전히 그것들의 산물이다.

— 1상: 6; CW 35: 10

To prevent possible misunderstanding, a word. I paint the capitalist and the landlord in no sense *couleur de rose*. But here individuals are dealt with only in so far as they are the personifications of economic categories, embodiments of particular class relations and class interests. My standpoint, from which the evolution of the economic formation of society is viewed as a process of natural history, can less than any other make the individual responsible for relations whose creature he socially remains, however much he may subjectively raise himself above them.

(37) 마르크스의 변증법

변증법은 현존하는 것을 긍정적으로 이해하면서도 동시에 그것의 부정, 즉 그것의 불가피한 파멸을 인정하기 때문이며, 또 변증법은 역사적으로 전개되는 모든 형태들을 유동상태·운동상태에 있다고 간주함으로써 그것들의 일시적 측면을 동시에 파악하기 때문이며, 또한 변증법은 본질상 비판적·혁명적이어서 어떤 것에 의해서도 제약을 받지 않기 때문이다.

— 1상: 19; CW 35: 20

Because it includes in its comprehension and affirmative recognition of the existing state of things, at the same time also, the recognition of the negation of that state, of its inevitable breaking up; because it regards every historically developed social form as in fluid movement, and therefore takes into account its transient nature not less than its momentary existence; because it lets nothing impose upon it, and is in its essence critical and revolutionary.

(38) 스미스는 노동을 희생으로 본다

스미스는 한편으로…… 상품의 생산에 지출된 노동량에 의한 가치의 결정을, 노동의 가치[임금]에 의한 상품 가치의 결정과 혼동하고 있으며, 따라서 같은 양의 노동은 항상 동일한 가치를 가진다는 것을 증명하려고 시도하고 있다. 다른 한편으로, 상품의 가치로 표현되는 한, 노동은 노동력의 지출을 의미할 뿐이라는 것을 그는 느끼고 있었지만, 그는 이 지출을 다시 안식·자유·행복의 희생으로만 생각하고 인간의 정상적인 생명활동이라고는 생각하지 않고 있다. 물론 그가 염두에 두고 있는 것은 근대적 임금노동자이다.

— 1상: 59; CW 35: 57

On the one hand Adam Smith …… confuses the determination of value by means of the quantity of labour expended in the production of commodities, with the determination of the values of commodities by means of the value of labour, and seeks in consequence to prove that equal quantities of labour have always the same value. On the other hand he has a presentiment, that labour, so far as it manifests itself in the value of commodities, counts only as expenditure of labour power, but he treats this expenditure as the mere sacrifice of rest, freedom, and happiness, not as at the same time the normal activity of living beings. But then, he has the modern wage-labourer in his eye.

(39) 자유로운 개인들의 연합과 종교세계

끝으로, 기분전환을 위해, 공동의 생산수단으로 일하며 다양한 개인들의 노동력을 하나의 사회적 노동력으로 의식적으로 사용하는 자유로운 개인들의 연합 association of free individuals을 생각해보기로 하자. 여기에서는 로빈슨 크루소적 노동의 모든 특징들이 재현되지만, 이 노동은 개인적 노동이 아니라 사회적 노동이라는 점에서 차이가 있다. 로빈슨이 생산한 모든 것은 전적으로 그 자신의 개인적 노동의 성과이었고, 따라서 그 자신이 사용할 물건이었다. 자유인들의 연합의 총생산물은 사회적 생산물이다. 이 생산물의 일부는 또다시 생산수단으로 쓰이기 위해 사회에 남는다. 그러나 다른 일부는 연합의 구성원들에 의해 생활수단으로 소비된다. 따라서 이 부분은 그들 사이에 분배되지 않으면 안 된다. 이 분배방식은 사회적 생산유기체 자체의 특수한 종류와, 이것에 대응하는 생산자들의 역사적 발전수준에 따라 변화할 것이다. 다만 상품생산과 대비하기 위해 각 개별 생산자에게 돌아가는 생활수단의 분배 몫은 각자의 노동시간에 의해 결정된다고 가정하자. 이 경우 노동시간은 이중의 역할을 하게 될 것이다. 정확한 사회적 계획에 따른 노동시간의 배분은 연합의 다양한 욕구와 해야 할 각종 작업 사이에 올바른 비율을 유지한다. 다른 한편으로, 노동시간은 각 개인이 공동노동에 참가한 정도를 재는 척도로 기능하며, 따라서 총생산물 중 개인적으로 소비되는 부분에 대한 그의 분배 몫의 척도가 된다. 개별생산자들이 노동과 노동생산물에서 맺게 되는 사회적 관계는 생산뿐 아니라 분배에서도 매우 단순하고 투명하다.

종교세계는 현실세계의 반영에 지나지 않는다. 생산자 일반이 자기의 생산물을 상품과 가치로 취급하여 자기의 개인적 사적 노동을 동질적 인간노동으로 환원함으로써 서로 사회적 관계를 맺는 상품생산 사회에서는, 추상적 인간에게 예배하는 기독교, 특히 그것의 부르주아적 발전 형태인 프로테스탄트교나 이신론理神論 등이 가장 적합한 형태의 종교이다. 고대 아시아적 그리고 기타 고대적 생산양식에서는 생산물의 상품으로의 전환, 따라서 인간이 상품생산자로 전환하는 것은 하나의 종속적인 위치를 차지했는데, 원시공동체가 점점 더 붕괴단계에 들어감에 따라 그 중요성이 증대했다. 진정한 상업민족은, 둘 이상의 세계 사이에 사는 에피쿠로스가 말하는 신처럼, 또는 폴란드 사회의 틈새에 끼여 사는 유태인처럼, 고대세계에서는 오직 틈새에만 존재하고 있었다. 이러한 고대의 사회적 생산유기체는 부르주아 사회에 비교하면 매우 간단하고 투명했다. 그러나 고대의 생산유기체는, 원시적 부족공동체에서 자기를 동료들과 맺어주는 탯줄을 아직까지 끊지 못한 개인으로 서의 인간의 미성숙한 발전에 입각한 것이거나, 직접적인 지배·종속의 관계에 입각한 것이다. 이런 생산유기체는 노동생산력이 낮은 단계를 넘어서지 못해, 물질적 생활 영역 안에서 인간과 인간 사이, 그리고 인간과 자연 사이의 사회적 관계가 좁을 때에만 생기고 존속할 수 있다. 이런 사회적 관계의 좁음이 고대의 자연숭배와 민중신앙의 기타 요소에 반영되어 있다. 현실세계의 종교적 반영은, 인간과 인간 사이, 그리고 인간과 자연 사이의 일상생활의 실질적 관계가 완전히 투명하고 이해할 수 있는 형태로 사람들에게 나타날 때에만, 비로소 소멸될 수 있다.

　사회적 생활과정, 즉 물질적 생산과정의 모습은, 이것이 자유로운 연합한 인간들에 의한 생산으로 되고 그들의 의식적·계획적 제어 밑에 놓이게 될 때, 비로소 그 신비의 베일이 벗겨진다. 그러나 이렇게 되기 위해서는, 사회는 일정한 물질적 토대 또는 일련의 물질적 생존조건을 가져야 하는데, 이 조건 자체도 하나의 길고 힘든 발전과정의 자연발생적 산물이다.　　　　　　　― 1상: 100~102; CW 35: 89~91; II/5: 47~48

Let us now picture to ourselves, by way of change, an association of free individuals, carrying on their work with the means of production in common, in which the labour power of all the different individuals is consciously applied as the combined labour power of the community. All the characteristics of Robinson's labour are here repeated, but with this difference, that they are social, instead of individual. Everything produced by him was exclusively the result of his own personal labour, and therefore simply an object of use for himself. The total product of our association is a social product. One portion serves as fresh means of production and remains social. But another portion is consumed by the members as means of subsistence. A distribution of this portion amongst them is consequently necessary. The mode of this distribution will vary with the productive organization of the community, and the degree of historical development attained by the producers. We will assume, but merely for the sake of a parallel with the production of commodities, that the share of each individual producer in the means of subsistence is determined by his labour time. Labour time would, in that case, play a double part. Its apportionment in accordance with a definite social plan maintains the proper proportion between the different kinds of work to be done and the various wants of the association. On the other hand, it also serves as a measure of the portion of the common labour borne by each individual, and of his share in the part of the total product destined for individual consumption. The social relations of the individual producers, with regard both to their labour and to its products, are in this case perfectly simple and intelligible, and that with regard not only to production but also to distribution.

The religious world is but the reflex of the real world. And for a society based upon the production of commodities, in which the producers in general enter into social relations with one another by treating their products as commodities and values, whereby they reduce their individual private labour to the standard of homogeneous human labour — for such a society, Christianity with its *cultus* of abstract man, more especially in its bourgeois developments, Protestantism, Deism, &c., is the most fitting form of religion. In the ancient Asiatic and other ancient modes of production, we find that the conversion of products into commodities, and therefore the conversion of men into producers of commodities, holds a subordinate place, which, however, increases in importance as the primitive communities approach nearer and nearer to their dissolution. Trading nations, properly so called, exist in the ancient world only in its interstices, like the gods of Epicurus in the Intermundia, or like Jews in the pores of Polish society. Those ancient social organisms of production are, as compared with bourgeois society, extremely simple and transparent. But they are founded either on the immature development of man individually, who has not yet severed the umbilical cord that unites him with his fellowmen in a primitive tribal community, or upon direct relations of subjection. They can arise and exist only when the development of the productive power of labour has not risen beyond a low stage, and when, therefore, the social relations within the sphere of material life, between man and man, and between man and Nature, are correspondingly narrow. This narrowness is reflected in the ancient worship of Nature, and in the other elements of the popular religions. The religious reflex of the real world can, in any case, only then finally vanish, when the practical relations of everyday life offer to man none but perfectly intelligible and reasonable relations with regard to his fellowmen and to Nature.

The life-process of society, which is based on the process of material production, does not strip off its mystical veil until it is treated as production by freely associated men, and is consciously regulated by them in accordance with a settled plan. This, however, demands for society a certain material ground-work or set of conditions of existence which in their turn are the spontaneous product of a long and painful process of development.

(40) 노동력 매매시장의 환상

노동력의 매매가 진행되는 유통분야 또는 상품교환분야는 사실상 천부인권의 참다운 낙원이다. 여기에서 지배하고 있는 것은 오로지 자유·평등·소유·벤담Bentham[공리주의]이다. 자유! 왜냐하면 하나의 상품, 예컨대 노동력의 구매자와 판매자는 자기들의 자유의지에 의해서만 행동하기 때문이다. 그들은 법적으로 대등한 자유로운 인격으로 계약을 체결한다. 계약이라는 것은 그들의 공동의지에 법적 표현을 주는 형식일 뿐이다. 평등! 왜냐하면 그들은 오직 상품소유자로서만 서로 관계하며 등가물을 등가물과 교환하기 때문이다. 소유! 왜냐하면 각자는 자기의 것만을 마음대로 처분하기 때문이다. 벤담! 왜냐하면 각자는 자기 자신의 이익에만 관심을 기울이기 때문이다. 그들을 연결시켜 서로 관계를 맺게 하는 유일한 힘은 각자의 이기주의·이득·사적 이익뿐이다. 각자는 오직 자기 자신에 대해서만 생각하고 타인에 대해서는 관심을 기울이지 않는다. 바로 그렇게 하기 때문에 그들은 모두 사물의 예정조화에 따라 또는 전지전능한 신의 섭리에 따라 그들 상호 간의 이익·공익·전체의 이익이 되는 일을 수행하는 것이다.

　이 단순상품유통 또는 상품교환분야로부터 속류 자유무역주의자는 자본과 임금노동에 의거한 사회에 대한 견해와 개념 및 판단기준을 끌어내고 있으나, 이제 이 분야를 떠날 때 우리는 우리의 등장인물들의 면모에 일정한 변화가 일어나는 것을 볼 수 있다. 이전의 화폐소유자는 자본가로서 앞장서 걸어가고, 노동력의 소유자는 그의 노동자로서 그 뒤를 따라간다. 전자는 거만하게 미소를 띠고 사업에 착수할 열의에 차 바빠 걸어가고, 후자는 자기 자신의 가죽을 시장에서 팔아버렸으므로 이제는 무두질만을 기다리는 사람처럼 겁에 질려 주춤주춤 걸어가고 있다.　　　　　　— 1상: 230~231; CW 35: 186

　This sphere that we are deserting, within whose boundaries the sale and purchase of labour-power goes on, is in fact a very Eden of the innate rights of man. There alone rule Freedom, Equality, Property and Bentham. Freedom, because both buyer and seller of a commodity, say of labour-power, are constrained only by their own free will. They contract as free agents, and the agreement they come to, is but the form in which they give legal expression to their common will. Equality, because each enters into relation with the other, as with a simple owner of commodities, and they exchange equivalent for equivalent. Property, because each disposes only of what is his own. And Bentham, because each looks only to himself. The only force that brings them together and puts them in relation with each other, is the selfishness, the gain and the private interests of each. Each looks to himself only, and no one troubles himself about the rest, and just because they do so, do they all, in accordance with the pre-established harmony of things, or under the auspices of an all-shrewd providence, work together to their mutual advantage, for the common weal and in the interest of all.

　On leaving this sphere of simple circulation or of exchange of commodities, which furnishes the —"Free-trader Vulgaris" with his views and ideas, and with the standard by which he judges a society based on capital and wages, we think we can perceive a change in the physiognomy of our dramatis personae. He, who before was the money-owner, now strides in front as capitalist; the possessor of labour-power follows as his labourer. The one with an air of importance, smirking, intent on business; the other, timid and holding back, like one who is bringing his own hide to market and has nothing to expect but — a hiding.

(41) 하루의 노동시간을 둘러싼 투쟁

노동일은 일정한 한계 이상으로 연장될 수 없다. 이 최대한도는 두 가지에 의해 규정된다. 첫째로 노동력의 육체적 한계에 의해 규정된다. 인간은 24시간이라는 1자연일 동안에는 일정한 양의 생명력밖에는 지출할 수 없다. 말도 매일 일하는 경우 하루 8시간 이상으로 일할 수는 없다. 인간은 하루 중 일정한 시간 휴식을 취하고 잠을 자지 않으면 안 되며, 또한 일정한 시간 그 밖의 육체적 욕망(식사를 하거나 세수와 목욕을 하거나 의복을 입는 등)을 충족시키지 않으면 안 된다. 노동일의 연장은 이와 같은 순전히 육체적 한계 이외에 또한 사회적 한계에 부딪힌다. 노동자는 지적·사회적 욕망을 충족시키기 위한 시간을 필요로 하는데, 이들 욕망의 크기나 종류는 일반적인 문화수준에 의해 규정된다. 그러므로 노동일의 길이는 육체적 및 사회적 한계 안에서 변동한다. 그러나 이 두 한계는 모두 매우 탄력적이어서 그 변동의 폭은 매우 크다. 예를 들어 우리는 8시간, 10시간, 12시간, 14시간, 16시간, 18시간 등 그 길이가 매우 다양한 노동일을 볼 수 있다.

자본가는 노동력을 그 하루의 가치로 구매했다. 1노동일 동안 노동력의 사용가치는 자본가에게 속한다. 즉, 자본가는 하루 동안 자기를 위해 노동자에게 일을 시킬 수 있는 권리를 얻었다. 그런데 1노동일이란 무엇인가?

그것은 어쨌든 자연의 하루보다는 짧다. 얼마나 짧은가? 자본가는 이 극한, 즉 노동일의 필연적인 한계에 대해 독특한 견해를 가지고 있다. 자본가는 오직 인격화한 자본에 지나지 않는다. 그의 혼은 자본의 혼이다. 그런데 자본에게는 단 하나의 충동이 있을 뿐이다. 즉 자신의 가치를 증식시키고, 잉여가치를 창조하며, 자기의 불변부분인 생산수단으로 하여

금 가능한 한 많은 양의 잉여노동을 흡수하게 하려는 충동이 그것이다.

자본은 죽은 노동[주어진 일정한 가치]인데, 이 죽은 노동은 흡혈귀vampire처럼 오직 살아 있는 노동을 흡수함으로써만 활기를 띠며, 그리고 그것을 많이 흡수하면 할수록 점점 더 활기를 띤다. 노동자가 노동하는 시간은 자본가가 자신이 구매한 노동력을 소비하는 시간이다.

만약 노동자가 자본가의 처분에 맡긴 시간을 자기 자신을 위해 사용한다면 그는 자본가의 물건을 훔치는 것이 된다.

자본가는 상품교환의 법칙을 들고 나온다. 그는 다른 모든 구매자와 마찬가지로 자기 상품의 사용가치로부터 되도록 많은 이익을 짜내려고 한다. 그러나 이때까지 생산과정의 질풍노도와 같은 소리에 눌려 들리지 않던 노동자의 목소리가 갑자기 들려온다.

내가 당신에게 판매한 상품은, 그것을 사용하면 가치가, 그것도 그 자체의 가치보다 더 큰 가치가 창조된다는 점에서 다른 잡다한 상품들과는 다르다. 당신이 그것을 구매한 이유도 거기에 있었다. 당신에게는 자본의 가치증식으로 나타나는 것이 나에게는 노동력의 초과지출로 된다. 당신과 나는 시장에서 단 하나의 법칙, 즉 상품교환의 법칙밖에 모른다. 그리고 상품의 소비는 상품을 파는 판매자에게 속하는 것이 아니라 그것을 사들이는 구매자에게 속한다. 그러므로 나의 노동력의 하루의 사용은 당신의 것이다. 그러나 나는 매일 그것을 팔아 얻은 돈으로 매일 그것을 재생산하고, 따라서 반복해서 그것을 팔 수 있어야 한다. 연령 등으로 말미암은 자연적 건강 악화는 별도로 치고, 나는 내일도 오늘과 마찬가지로 정상적인 상태의 힘과 건강과 원기를 가지고 노동할 수 있어야만 한다. 당신은 언제나 나에게 '절약'과 '절제'의 복음을 설교하고 있다. 매우 좋은 이야기다! 나는 분별 있고 근검절약하는 세대주처럼 나의 유일한 재산인 노동력을 아껴 쓰고, 그것을 어리석게 낭비하는 일은 일체 삼가려 한다. 나는 노동력의 정상적인 유지와 건전한 발달에 적합한 정도로만 매일 그것을 지출하고 운동시키고 노동으로 전환시킬 것이다. 당신은 노동일을 무제한 연장함으로써 내가 사흘 걸려 회복할 수 있는 것보다 더 많은 양의 노동력을 하루 동안 써버릴 수도 있다. 그리하여 당신이 노동으로부터 이득을 보는 것만큼 나는 노동실체를 잃어버린다. 나의 노동력을 이용하는 것과 그것을 약탈하는 것은 전혀 다르다. 만약 평균적인 노동자가 합리적인 양의 노동을 하면서 살 수 있는 평균 시간이 30년이라면, 당신이 매일 나에게 지불해야 하는 나의 노동력의 가치는 총가치의 $\frac{1}{365 \times 30}$, 즉 $\frac{1}{10,950}$ 이다. 그러나 만약 당신이 나의 노동력 전체를 10년 동안에 소비해버리려고 하면서도 매일 나에게 그 총가치의 $\frac{1}{3,650}$이 아니라 $\frac{1}{10,950}$을 지불한다면, 당신은 오직 노동력의 하루의 가치의 $\frac{1}{3}$만을 지불하는 것이 되며, 따라서 당신은 매일 나로부터 나의 상품의 가치의 $\frac{2}{3}$를 훔치는 것이다. 당신은 3일분의 노동력을 사용하면서도 나에게는 1일분의 대가를 지불하는 셈이다. 이것은 우리들의 계약에도 위반되며 또 상품교환의 법칙에도 위반된다. 그러므로 나는 정상적인 길이의 노동일을 요구한다. 더욱이 나는 당신의 동정에 호소함이 없이 그것을 요구한다. 왜냐하면 상거래에서는 인정이란 있을 수 없기 때문이다. 당신은 모범적인 시민일지도 모르며, 동물학대방지협회의 회원일지도 모르며, 거기다가 성인이라는 명성을 누리고 있는 사람일지도 모른다. 그러나 당신이 나와의 관계에서 대표하고 있는 그것[자본]은 가슴 속에 심장을 가지고 있지 않다. 거기에서 고동치는 것처럼 보이는 것이 있다면, 그것은 오직 나 자신의 심장의 고동일 뿐이다. 나는 표준노동일을 요구한다. 왜냐하면 다른 모든 판매자와 마찬가지로 나도 나의 상품의 가치를 요구하기 때문이다.

요컨대, 약간의 매우 탄력적인 제한을 가하는 것을 별도로 친다면, 상품교환 그 자체의 성질은 노동일 그리고 잉여노동에 어떤 한계도 부과하지 않는다. 자본가가 노동일을 될수록 연장해, 가능하다면 1노동일을 2노동일로 만들려고 할 때, 그는 구매자로서 자기의 권리를 주장하는 것이다. 다른 한편, 판매된 이 상품의 특수한 성질 때문에 구매자가 이 상품을 소비할 때 일정한 한계가 있음을 암시하고 있는데, 노동자가 노동일을 일정한 표준적인 길이로 제한하려고 할 때 그는 판매자로서 자기의 권리를 주장하는 것이다. 따라서 여기에는 쌍방이 모두 동등하게 상품교환의 법칙에 의해 보증되고 있는 권리 대 권리라는 하나의 이율배반이 생긴다. 동등한 권리와 권리가 서로 맞섰을 때는 힘이 문제를 해결한다. 그리하여 자본주의적 생산의 역사에서 노동일의 표준화는 노동일의 한계를 둘러싼 투쟁, 다시 말해 총자본, 즉 자본가계급과 총노동, 즉 노동자계급 사이의 투쟁에서 결정되는 것이다.

— 1상: 306~310; CW 35: 240~243

The working day cannot be prolonged beyond a certain point. This maximum limit is conditioned by two things. First, by the physical bounds of labour-power. Within the 24 hours of the natural day a man can expend only a definite quantity of his vital force. A horse, in like manner, can only work from day to day, 8 hours. During part of the day this force must rest, sleep; during another part the man has to satisfy other physical needs, to feed, wash, and clothe himself. Besides these purely physical limitations, the extension of the working day encounters moral ones. The labourer needs time for satisfying his intellectual and social wants, the extent and number of which are conditioned by the general state of social advancement. The variation of the working day fluctuates, therefore, within physical and social bounds. But both these limiting conditions are of a very elastic nature, and allow the greatest latitude. So we find working days of 8, 10, 12, 14, 16, 18 hours, i.e., of the most different lengths.

The capitalist has bought the labour-power at its day-rate. To him its use-value belongs during one working day. He has thus acquired the right to make the labourer work for him during one day. But, what is a working day?

At all events, less than a natural day. By how much? The capitalist has his own views of this *ultima Thule*[uttermost limit], the necessary limit of the working day. As capitalist, he is only capital personified. His soul is the soul of capital. But capital has one single life impulse, the tendency to create value and surplus value, to make its constant factor, the means of production, absorb the greatest possible amount of surplus labour.

Capital is dead labour, that, vampire-like, only lives by sucking living labour, and lives the more, the more labour it sucks. The time during which the labourer works, is the time during which the capitalist consumes the labour-power he has purchased of him.

If the labourer consumes his disposable time for himself, he robs the capitalist.

The capitalist then takes his stand on the law of the exchange of commodities. He, like all other buyers, seeks to get the greatest possible benefit out of the use-value of his commodity. Suddenly the voice of the labourer, which had been stifled in the storm and stress of the process of production, rises:

The commodity that I have sold to you differs from the crowd of other commodities, in that its use creates value, and a value greater than its own. That is why you bought it. That which on your side appears a spontaneous expansion of capital, is on mine extra expenditure of labour-power. You and I know on the market only one law, that of the exchange of commodities. And the consumption of the commodity belongs not to the seller who parts with it, but to the buyer, who acquires it. To you, therefore, belongs the use of my daily labour-power. But by means of the price that you pay for it each day, I must be able to reproduce it daily, and to sell it again. Apart from natural exhaustion through age, &c., I must be able on the morrow to work with the same normal amount of force, health and freshness as to-day. You preach to me constantly the gospel of "saving" and "abstinence". Good! I will, like a sensible saving owner, husband my sole wealth, labour-power, and abstain from all foolish waste of it. I will each day spend, set in motion, put into action only as much of it as is compatible with its normal duration, and healthy development. By an unlimited extension of the working day, you may in one day use up a quantity of labour-power greater than I can restore in three. What you gain in labour I lose in substance. The use of my labour-power and the spoliation of it are quite different things. If the average time that (doing a reasonable amount of work) an average labourer can live, is 30 years, the value of my labour-power, which you pay me from day to day is $1/(365×30)$ or $1/10950$ of its total value. But if you consume it in 10 years, you pay me daily $1/10950$ instead of $1/3650$ of its total value, i.e., only $1/3$ of its daily value, and you rob me, therefore, every day of $2/3$ of the value of my commodity. You pay me for one day's labour-power, whilst you use that of 3 days. That is against our contract and the law of exchanges. I demand, therefore, a working day of normal length, and I demand it without any appeal to your heart, for in money matters sentiment is out of place. You may be a model citizen, perhaps a member of the Society for the Prevention of Cruelty to Animals, and in the odour of sanctity to boot; but the thing that you represent face to face with me has no heart in its breast. That which seems to throb there is my own heart-beating. I demand the normal working day because I, like every other seller, demand the value of my commodity.

We see then, that, apart from extremely elastic bounds, the nature of the exchange of commodities itself imposes no limit to the working day, no limit to surplus labour. The capitalist maintains his rights as a purchaser when he tries to make the working day as long as possible, and to make, whenever possible, two working days out of one. On the other hand, the peculiar nature of the commodity sold implies a limit to its consumption by the purchaser, and the labourer maintains his right as seller when he wishes to reduce the working day to one of definite normal duration. There is here, therefore, an antinomy, right against right, both equally bearing the seal of the law of exchanges. Between equal rights force decides. Hence is it that in the history of capitalist production, the determination of what is a working day, presents itself as the result of a struggle, a struggle between collective capital, i.e., the class of capitalists, and collective labour, i.e., the working-class.

(42) 노동법의 필요성

시장에서 그[노동자]는 '노동력'이라는 상품의 소유자로 다른 상품[화폐]의 소유자와 상대하고 있었다. 즉, 상품소유자에 대해 상품소유자로 상대했다. 그가 자본가에게 자기의 노동력을 판매할 때 맺은 계약은 그가 자기 자신을 자유롭게 처분한다는 사실을 이를테면 흰 종이 위에 검은 글씨로 증명한 것이었다. 거래가 완결된 뒤에야 비로소 그는 '자유로운 행위자'가 결코 아니었다는 것, 그가 자유롭게 자기의 노동력을 판매하는 시간은 그가 어쩔 수 없이 그것을 판매해야만 하는 시간이라는 것, 사실상 흡혈귀는 '착취할 수 있는 한 조각의 근육, 한 가닥의 힘줄, 한 방울의 피라도 남아 있는 한' 그를 놓아주지 않는다는 것이 폭로된다. 노동자들은 '자기를 괴롭히는 뱀'으로부터 자신을 '방어'하기 위해, 이마를 맞대고 의논하지 않으면 안 되고, 계급으로서 하나의 법률을, 즉 자기 자신이 자본과의 자발적인 계약에 의해 자기 자신과 자기 가족을 죽음과 노예상태로 팔아넘기는 것을 방지해줄 아주 강력한 사회적 장벽을 제정하도록 강요하지 않으면 안 된다.

— 1상: 406~407; CW 35: 306

In the market he[our labourer] stood as owner of the commodity "labour-power" face to face with other owners of commodities, dealer against dealer. The contract by which he sold to the capitalist his labour-power proved, so to say, in black and white that he disposed of himself freely. The bargain concluded, it is discovered that he was no "free agent", that the time for which he is free to sell his labour-power is the time for which he is forced to sell it, that in fact the vampire will not lose its hold on him "so long as there is a muscle, a nerve, a drop of blood to be exploited." For "protection" against "the serpent of their agonies", the labourers must put theirheads together, and, as a class, compel the passing of a law, an all-powerful social barrier that shall prevent the very workers from selling. by voluntary contract with capital, themselves and their families into slavery and death.

(43) 결합된 노동의 생산력

　결합된 노동일이 생산력을 증대시키는 원인이 무엇이건, 즉 그것이 노동의 기계적 힘을 제고하거나, 노동의 공간적 작용범위를 확대하거나, 생산규모에 비해 생산의 공간적 장소를 축소하거나, 결정적인 순간에 많은 노동을 가동시키거나, 개개인의 경쟁심을 자극해 활기를 띠게 하거나, 많은 사람들에 의해 수행되는 같은 종류의 작업에 연속성과 다면성을 부여하거나, 서로 다른 작업들을 동시적으로 수행하거나, 공동사용에 의해 생산수단을 절약하거나, 또는 개개인의 노동에 사회적 평균노동의 성격을 부여하기 때문이건, 어떤 경우라도 결합된 노동일의 특수한 생산력은 노동의 사회적 생산력 또는 사회적 노동의 생산력이다. 이 생산력은 협업 그 자체로부터 발생한다. 다른 노동자들과 체계적으로 협력하고 있는 노동자는 그의 개별성의 족쇄를 벗어던지고 그의 종족의 능력을 발전시킨다.

— 1상: 445~446; CW 35: 334

　Whether the combined working day, in a given case, acquires this increased productive power, because it heightens the mechanical force of labour, or extends its sphere of action over a greater space, or contracts the field of production relatively to the scale of production, or at the critical moment sets large masses of labour to work, or excites emulation between individuals and raises their animal spirits, or impresses on the similar operations carried on by a number of men the stamp of continuity and many-sidedness, or performs simultaneously different operations, or economices the means of production by use in common, or lends to individual labour the character of average social labour — whichever of these be the cause of the increase, the special productive power of the combined working day is, under all circumstances, the social productive power of labour, or the productive power of social labour. This power is due to co-operation itself. When the labourer co-operates systematically with others, he strips off the fetters of his individuality, and develops the capabilities of his species.

(44) 노동의 사회적 생산력이 자본의 생산력으로

노동자는 자기 노동력의 판매를 위해 자본가와 흥정을 끝낼 때까지는 자기 노동력의 소유자이며, 그는 오직 자기가 소유하고 있는 것, 즉 자기의 개인적이고 고립된 노동력만을 판매할 수 있다. 이런 사정은, 자본가가 1명의 노동력이 아니라 100명의 노동력을 구입하며, 그리고 1명이 아니라 서로 간에 아무 관련이 없는 100명의 노동자와 계약을 체결한다는 사실에 의해 조금도 달라지지 않는다. 자본가는 이 100명의 노동자를 협업시키지 않으면서도 일을 시킬 수 있다. 자본가는 100명의 독립적인 노동력의 가치를 지급하는 것이지 100명의 결합된 노동력의 가치를 지급하는 것은 아니다. 서로 독립한 인격으로서 노동자들은 제각각인 사람들이며, 그들은 자본가와 관계를 맺지만 자기들 서로 간에는 아무런 관계도 맺지 않는다. 그들의 협업은 노동과정에서 비로소 시작되는데, 그때에는 이미 노동자들은 자기 자신에 속하지 않는다. 왜냐하면 노동과정에 들어가자마자 그들은 자본에 편입되어버리기 때문이다. 협업하는 사람으로서, 또는 하나의 활동하는 유기체의 구성원으로서, 노동자들은 자본의 특수한 존재양식에 지나지 않는다. 그러므로 노동자가 협업에서 발휘하는 생산력은 자본의 생산력이다. 노동의 사회적 생산력은 노동자들이 일정한 조건하에 놓일 때는 언제나 무상으로 발휘되며, 그리고 자본은 노동자들을 바로 이런 조건하에 놓는다. 노동의 사회적 생산력은 자본에게는 아무런 비용도 들지 않는 것이고, 또 노동자의 노동이 자본에 속하기 전에는 노동자 자신에 의해 발휘되지 못하기 때문에, 노동의 사회적 생산력은 자본이 본래부터 가지고 있는 생산력으로, 자본에 내재하는 생산력으로 나타난다.
— 1상: 450~451; CW 35: 338

The labourer is the owner of his labour-power until he has done bargaining for its sale with the capitalist; and he can sell no more than what he has i.e., his individual, isolated labour-power. This state of things is in no way altered by the fact that the capitalist, instead of buying the labour-power of one man, buys that of 100, and enters into separate contracts with 100 unconnected men instead of with one. He is at liberty to set the 100 men to work, without letting them co-operate. He pays them the value of 100 independent labour-powers, but he does not pay for the combined labour-power of the hundred. Being independent of each other, the labourers are isolated persons, who enter into relations with the capitalist, but not with one another. This co-operation begins only with the labour-process, but they have then ceased to belong to themselves. On entering that process, they become incorporated with capital. As co-operators, as members of a working organism, they are but special modes of existence of capital. Hence, the productive power developed by the labourer when working in co-operation, is the productive power of capital. This power is developed gratuitously, whenever the workmen are placed under given conditions, and it is capital that places them under such conditions. Because this power costs capital nothing, and because, on the other hand, the labourer himself does not develop it before his labour belongs to capital, it appears as a power with which capital is endowed by Nature — a productive power that is immanent in capital.

(45) 사회 안의 분업과 공장 안의 분업

사회 안의 분업은 서로 다른 산업부문들의 생산물 매매에 의해 매개되고 있지만, 매뉴팩처 안의 여러 부분노동들 사이의 관련은 여러 노동력이 동일한 자본가에게 판매되어 그에 의해 결합노동력으로 사용된다는 것에 의해 매개되고 있다. 매뉴팩처 안의 분업은 한 자본가의 수중에 생산수단이 집적되는 것을 전제하지만, 사회 안의 분업은 서로 독립된 다수의 상품생산자 사이로 생산수단이 분산되는 것을 전제한다. 매뉴팩처 안에서는 비례성의 철칙이 일정한 수의 노동자들을 일정한 기능들에 종속시키지만, 매뉴팩처 밖의 사회에서는 우연과 변덕이 작용해 사회적 노동의 각종 부문들 사이에 생산자들과 그들의 생산수단이 분배되는 것은 제멋대로다. 물론 여러 가지 생산영역들이 끊임없이 균형을 지향하는 것은 사실이다. 왜냐하면 한편으로는 각각의 상품생산자는 어떤 사용가치를 생산해서 일정한 사회적 욕망을 충족시켜야 하기 때문이며(이 욕망들의 크기는 양적으로 서로 다르지만 이 상이한 크기의 욕망들을 하나의 자연발생적 체계에 연결하는 내적 관계가 존재한다), 다른 한편으로는 상품의 가치법칙은 사회가 자신이 처분할 수 있는 전체 노동시간 중 얼마만큼을 각각의 상품종류의 생산에 지출할 수 있는가를 궁극적으로 결정하기 때문이다. 그러나 여러 가지 생산영역들이 균형으로 향하는 이 끊임없는 경향은 이 균형의 끊임없는 파괴에 대한 반작용으로 작용할 뿐이다. 매뉴팩처 안의 분업이 의거하고 있는 계획되고 규제하는 사전적 체제는, 사회 안의 분업에서는 생산자들의 규제받지 않는 변덕을 통제해야 하는 자연적인 사후적 필연성(이것은 시장가격의 변동에서 알 수 있다)으로 변한다. 매뉴팩처 안의 분업은 자본가에게 속하는 전체 메커니즘의 구성원에 지나지 않는 노동자들에 대한 자본가의 무조건적 권위를 내포하지만, 사회 안의 분업은 경쟁이라는 권위 밖에는, 즉 상품생산자들 상호 간의 이익 대립이 자기들에게 가하는 강제 외에는 다른 어떤 권위도 인정하지 않는 독립적 상품생산자들을 서로 대립시킨다. 이것은 마치 동물계에서 '만인에 대한 만인의 투쟁'이 대체로 모든 종種, species의 생존조건으로 되어 있는 것과 같다. 매뉴팩처 안의 분업, 노동자를 평생 하나의 부분작업에 묶어두는 것, 자본에 대한 노동자의 완전한 종속 등을 노동생산성을 제고시키는 노동의 조직화라고 찬양하는 바로 그 부르주아적 의식은, 생산과정을 사회적으로 통제하고 조정하려는 온갖 의식적 시도를 개별 자본가의 소유권·자유·자율적 독창성 등과 같은 신성한 것에 대한 침해라고 마찬가지로 열렬히 비난하고 있다. 공장제도의 열광적 변호자들이 사회적 노동의 일반적 조직화를 반대하면서, 그것은 사회 전체를 하나의 공장으로 전환시킬 것이라고 비난하는 것은 매우 특징적이다.

— 1상: 480~482; CW 35: 360~362

Division of labour in society is brought about by the purchase and sale of the products of different branches of industry, while the connexion between the detail operations in a workshop, is due to the sale of the labour-power of several workmen to one capitalist, who applies it as combined labour-power. The division of labour in the workshop implies concentration of the means of production in the hands of one capitalist; the division of labour in society implies their dispersion among many independent producers of commodities. While within the workshop, the iron law of proportionality subjects definite numbers of workmen to definite functions, in the society outside the workshop, chance and caprice have full play in distributing the producers and their means of production among the various branches of industry. The different spheres of production, it is true, constantly tend to an equilibrium: for, on the one hand, while each producer of a commodity is bound to produce a use-value, to satisfy a particular social want, and while the extent of these wants differs quantitatively, still there exists an inner relation which settles their proportions into a regular system, and that system one of spontaneous growth; and, on the other hand, the law of the value of commodities ultimately determines how much of its disposable working-time society can expend on each particular class of commodities. But this constant tendency to equilibrium, of the various spheres of production, is exercised, only in the shape of a reaction against the constant upsetting of this equilibrium. The a *priori* system on which the division of labour, within the workshop, is regularly carried out, becomes in the division of labour within the society, an a *posteriori*, nature-imposed necessity, controlling the lawless caprice of the producers, and perceptible in the barometrical fluctuations of the market-prices. Division of labour within the workshop implies the undisputed authority of the capitalist over men, that are but parts of a mechanism that belongs to him. The division of labour within the society brings into contact independent commodity-producers, who acknowledge no other authority but that of competition, of the coercion exerted by the pressure of their mutual interests; just as in the animal kingdom, the *bellum omnium contra omnes* [war of all against all — Hobbes] more or less preserves the conditions of existence of every species. The same bourgeois mind which praises division of labour in the workshop, life-long annexation of the labourer to a partial operation, and his complete subjection to capital, as being an organization of labour that increases its productiveness — that same bourgeois mind denounces with equal vigour every conscious attempt to socially control and regulate the process of production, as an inroad upon such sacred things as the rights of property, freedom and unrestricted play for the bent of the individual capitalist. It is very characteristic that the enthusiastic apologists of the factory system have nothing more damning to urge against a general organization of the labour of society, than that it would turn all society into one immense factory.

(46) 분업의 영향

매뉴팩처는 노동자의 일체의 생산적인 능력과 소질을 억압하면서 특수한 기능만을 촉진함으로써 노동자를 기형적인 불구자로 만든다. …… 각각의 부분노동이 서로 다른 개인들에게 분배될 뿐 아니라 개인 그 자체가 분할되어 하나의 부분노동의 자동장치로 전환된다. …… 만약 시초에는 노동자가 상품생산을 위한 물질적 수단을 가지지 못했기 때문에 자기의 노동력을 자본에게 판매했다면, 이제는 그의 개별 노동력은 자본에 판매되지 않는 한 소용없는 것으로 되어버린다. 개별 노동력은 오직 다른 노동력들과의 관련 속에서만 기능할 수 있는데, 이 관련은 노동력이 판매된 뒤 자본가의 작업장에서 비로소 존재하게 된다. 독립적으로 어떤 물건을 만드는 것에 부적합해진 매뉴팩처 노동자는 자본가의 작업장의 부속물로서만 생산적 활동을 발휘할 수 있을 뿐이다. …… 분업은 매뉴팩처 노동자에게 자본의 소유물이라는 낙인을 찍는다.

야만인이 모든 전쟁기술을 개인의 책략으로 발휘한 것과 마찬가지로, 비록 작은 규모에 서이기는 하지만 독립적 농민 또는 수공업자도 지식과 판단력과 의지를 발휘했다. 그러나 매뉴팩처에서는 그런 능력은 다만 작업장 전체를 위해서만 요구될 뿐이다. 생산상의 정신적 능력이 한 방면에서는 확대되면서 다른 여러 방면에서는 완전히 소멸된다. 부분노동자들이 잃어버리는 것은 그들과 대립하고 있는 자본에 집적된다. 부분노동자들이 물질적 생산과정의 정신적 능력을 타인의 소유물로 또 자기를 지배하는 힘으로 상대하게 되는 것은 매뉴팩처적 분업의 결과다. 이 분리과정[예: 지식과 노동의 분리]은, 개개의 노동자에 대해 자본가가 결합된 노동의 통일성과 의지를 대표하게 되는 단순협업에서 시작된다. 그리고 이 분리과정은 노동자를 부분노동자로 전락시켜 불구자로 만드는 매뉴팩처에서 더욱 발전한다. 끝으로, 이 분리과정은, 과학을 자립적 생산력으로 노동과 분리시켜 자본에 봉사하게 하는 대공업에서 완성된다. 매뉴팩처에서는 집단적 노동자와 이를 통해 자본의 사회적 생산력을 부유하게 하기 위해 노동자의 개인적 생산력은 빈약하게 만들지 않으면 안 된다.

— 1상: 486~488; CW 35: 365~367

It[Manufactacture] converts the labourer into a crippled monstrosity, by forcing his detail dexterity at the expense of a world of productive capabilities and instincts. ⋯⋯ Not only is the detail work distributed to the different individuals, but the individual himself is made the automatic motor of a fractional operation. ⋯⋯ If, at first, the workman sells his labour-power to capital, because the material means of producing a commodity fail him, now his very labour-power refuses its services unless it has been sold to capital. Its functions can be exercised only in an environment that exists in the workshop of the capitalist after the sale. By nature unfitted to make anything independently, the manufacturing labourer develops productive activity as a mere appendage of the capitalist's workshop. ⋯⋯ Division of labour brands the manufacturing workman as the property of capital.

The knowledge, the judgement, and the will, which, though in ever so small a degree, are practised by the independent peasant or handicraftsman, in the same way as the savage makes the whole art of war consist in the exercise of his personal cunning — these faculties are now required only for the workshop as a whole. Intelligence in production expands in one direction, because it vanishes in many others. What is lost by the detail labourers, is concentrated in the capital that employs them. It is a result of the division of labour in manufactures, that the labourer is brought face to face with the intellectual potencies of the material process of production, as the property of another, and as a ruling power. This separation begins in simple co-operation, where the capitalist represents to the single workman, the oneness and the will of the associated labour. It is developed in manufacture which cuts down the labourer into a detail labourer. It is completed in modern industry, which makes science a productive force distinct from labour and presses it into the service of capital.

In manufacture, in order to make the collective labourer, and through him capital, rich in social productive power, each labourer must be made poor in individual productive powers.

(47) 수공업적 숙련과 기계

수공업적 숙련은 여전히 매뉴팩처의 토대이며, 매뉴팩처의 메커니즘 전체가 노동자 자신들로부터 독립된 어떤 객관적 골격을 가지고 있지 않기 때문에, 자본은 끊임없이 노동자의 불복종행위와 싸우지 않으면 안 된다. ……기계는 수공업적 노동자가 사회적 생산의 규제원리로 기능하는 것을 철폐한다. 그리하여 한편으로는 노동자를 일정한 부분적 기능에 일생 동안 얽매어 두는 기술적 이유가 사라지고, 다른 한편으로는 위의 규제원리가 자본의 지배에 가한 장애물들도 소멸되어버린다.

— 1상: 496, 498; CW 35: 372~373, 373~374

Since handicraft skill is the foundation of manufacture, and since the mechanism of manufacture as a whole possesses no framework, apart from the labourers themselves, capital is constantly compelled to wrestle with the insubordination of the workmen. …… It is they[machinery] that sweep away the handicraftsman's work as the regulating principle of social production. Thus, on the one hand, the technical reason for the life-long annexation of the workman to a detail function is removed. On the other hand, the fetters that this same principle laid on the dominion of capital, fall away.

(48) 노동계약의 허구성

　기계는 또 노동자와 자본가의 상호관계를 형식적으로 규정하는 그들 사이의 계약을 근본적으로 변혁시킨다. 상품교환의 바탕 위에서는 자본가와 노동자가 자유로운 인격으로, 독립적 상품소유자로, 즉 한 쪽은 화폐와 생산수단의 소유자로, 다른 쪽은 노동력의 소유자로 상대한다는 것이 우리의 첫 전제였다. 그러나 현재 자본은 아동들과 미성년자들을 구매한다. 종전에는 노동자는 형식상 자유로운 인격으로 처분할 수 있는 자기 자신의 노동력을 판매한 것이다. 이제 그는 처자를 판매한다. 그는 노예상인이 된 것이다. ……기계가 노동력의 구매자와 판매자 사이의 법률적 관계에 일으킨 혁명은, 전체 거래로 하여금 자유로운 인격들 사이의 계약이라는 외관조차 상실케 함으로써, 영국 의회가 국가로 하여금 공장제도에 개입하게 하는 법적 구실을 주었다.

　　　　　　― 1하: 530~531, 532; CW 35: 399~400; MEGA II/5: 324~325

　Machinery also revolutionises out and out the contract between the labourer and the capitalist, which formally fixes their mutual relations. Taking the exchange of commodities as our basis, our first assumption was that capitalist and labourer met as free persons, as independent owners of commodities; the one possessing money and means of production, the other labour-power. But now the capitalist buys children and young persons under age. Previously, the workman sold his own labour-power, which he disposed of nominally as a free agent. Now he sells wife and child. He has become a slave-dealer. …… The revolution effected by machinery in the juridical relations between the buyer and the seller of labour-power, causing the transaction as a whole to lose the appearance of a contract between free persons, afforded the English Parliament an excuse, founded on juridical principles, for the interference of the state with factories.

(49) 기계 그 자체와 자본주의적 사용

기계 그 자체는 노동시간을 단축시키지만 자본주의적으로 사용되면 노동시간을 연장시키며, 기계 그 자체는 노동을 경감시키지만 자본주의적으로 사용되면 노동강도를 높이며, 기계 그 자체는 자연력에 대한 인간의 승리이지만 자본주의적으로 사용되면 인간을 자연력의 노예로 만들며, 기계 그 자체는 생산자의 부를 증대시키지만 자본주의적으로 사용되면 생산자를 빈민으로 만든다. ― 1하: 592~593; CW 35: 444

Since therefore machinery, considered alone, shortens the hours of labour, but, when in the service of capital, lengthens them; since in itself it lightens labour, but when employed by capital, heightens the intensity of labour; since in itself it is a victory of man over the forces of Nature, but in the hands of capital, makes man the slave of those forces; since in itself it increases the wealth of the producers, but in the hands of capital, makes them paupers.

(50) 경기순환

공장제 생산의 방대한 비약적인 확장력과 세계시장에 대한 그것의 의존성은 필연적으로 열병적인 생산과 이에 뒤이은 시장에 대한 과잉공급을 낳고, 이것에 따른 시장의 축소는 생산의 마비를 야기한다. 현대 산업의 생애는 중간 정도의 활황, 번영, 과잉생산, 공황, 불황이라는 일련의 시기들로 구성된다. 기계가 노동자의 고용과 생활형편에 주는 불확실성과 불안정성은 산업순환의 이런 주기적 교체 때문에 정상적으로 생긴다. 번영기를 제외하고는 자본가들 사이에 시장에서 각자의 몫을 둘러싸고 맹렬한 투쟁이 벌어진다. 각자의 시장 몫은 생산물이 얼마나 싼가에 정비례한다. 이 때문에 노동력을 대체하는 개량된 기계의 사용과 새로운 생산방식의 도입에서 경쟁이 일어날 뿐 아니라, 어느 산업순환에서도 상품을 싸게 하기 위해 임금을 노동력의 가치 이하로 강제적으로 삭감하려고 시도하는 시기가 나타나게 된다. ― 1하: 607~608; CW 35: 455~457

The enormous power, inherent in the factory system, of expanding by jumps, and the dependence of that system on the markets of the world, necessarily beget feverish production, followed by over-filling of the markets, whereupon contraction of the markets brings on crippling of production. The life of modern industry becomes a series of periods of moderate activity, prosperity, over-production, crisis and stagnation. The uncertainty and instability to which machinery subjects the employment, and consequently the conditions of existence, of the operatives become normal, owing to these periodic changes of the industrial cycle. Except in the periods of prosperity, there rages between the capitalists the most furious combat for the share of each in the markets. This share is directly proportional to the cheapness of the product. Besides the rivalry that this struggle begets in the application of improved machinery for replacing labour-power, and of new methods of production, there also comes a time in every industrial cycle, when a forcible reduction of wages beneath the value of labour-power is attempted for the purpose of cheapening commodities.

(51) 대공업과 농업 및 환경 파괴

농업분야에서 대공업은 낡은 사회의 보루인 소농 peasant을 파멸시켜 임금노동자로 전환시킨다는 의미에서 다른 어느 분야에서보다도 더욱 혁명적인 영향을 미친다. 그리하여 사회적 변혁의 요구와 계급적 대립은 농촌에서도 도시에서와 마찬가지가 된다. 낡고 불합리하기 짝이 없는 전통적 작업방식은 과학적인 것으로 대체된다. 초기에 농업과 매뉴팩처를 서로 얽어매고 있던 원시적 가족적 유대는 자본주의적 생산방식에 의해 완전히 해체된다. 그러나 동시에 자본주의적 생산방식은 미래에 농업과 공업의 더 높은 종합, 즉 농업과 공업이 서로 적대적으로 분리되어 있던 동안에 각각이 달성한 더욱 완성된 형태를 기초로 농업과 공업의 결합을 재건하는 것을 위한 물질적 조건을 만들어낸다. 자본주의적 생산은 인구를 대중심지로 집결시키며 도시인구의 비중을 끊임없이 증가시키는데, 이것은 한편으로는 사회의 역사적 동력을 집중시키고, 다른 한편으로는 인간과 토지 사이의 신진대사를 교란한다. 즉, 인간이 식품과 의복의 형태로 소비한 토지 성분들을 토지로 복귀시키지 않고, 따라서 토지의 비옥도를 유지하는 데 필요한 자연적 조건을 교란한다. 이리하여 자본주의적 생산은 도시노동자의 육체적 건강과 농촌노동자의 정신생활을 다 같이 파괴한다. 자본주의적 생산은 신진대사의 유지를 위한 자연발생적 조건을 파괴한 뒤에야 비로소 신진대사를 사회적 생산을 규제하는 법칙으로서 그리고 인류의 완전한 발전에 적합한 형태로 체계적으로 재건할 것을 절박하게 요구한다. 농업에서도 공업에서와 마찬가지로 생산과정의 자본주의적 전환은 동시에 생산자들을 희생시키는 역사이고, 노동수단은 노동자를 예속하고 착취하며 가난하게 만드는 수단으로 되며, 노동과정의 사회적 결합은 노동자의 개인적 활기, 자유 및 자립성을 짓밟는 조직형태로 된다. 농촌노동자들이 넓은 지역에 분산되어 있는 것은 그들의 저항력을 약화시키는데, 도시에서는 노동자들의 집중이 그들의 저항력을 증가시킨다. 근대적 도시공업에서와 같이 근대적 농업에서도 노동생산성의 향상과 노동량의 증가는 노동력 자체의 낭비와 파괴에 의해 얻어진다. 더욱이 자본주의적 농업의 모든 진보는 노동자뿐 아니라 토지를 약탈하는 방식의 진보이며, 일정한 기간에 토지의 비옥도를 높이는 모든 진보는 비옥도의 항구적 원천을 파괴하는 진보이다. 예컨대 미국처럼 한 나라가 대공업을 토대로 발전하면 할수록, 토지의 파괴과정은 그만큼 더 급속해진다. 따라서 자본주의적 생산은 모든 부의 원천인 토지와 노동자를 동시에 파괴한 뒤에야 비로소, 각종 생산과정들을 하나의 사회 전체로 결합하여 새로운 기술을 발전시키게 된다. — 1하: 677~680; CW 35: 506~508

In the sphere of agriculture, modern industry has a more revolutionary effect than elsewhere, for this reason, that it annihilates the peasant, that bulwark of the old society, and replaces him by the wage-labourer. Thus the desire for social changes, and the class antagonisms are brought to the same level in the country as in the towns. The irrational, old-fashioned methods of agriculture are replaced by scientific ones. Capitalist production completely tears asunder the old bond of union which held together agriculture and manufacture in their infancy. But at the same time it creates the material conditions for a higher synthesis in the future, viz., the union of agriculture and industry on the basis of the more perfected forms they have each acquired during their temporary separation. Capitalist production, by collecting the population in great centres, and causing an ever-increasing preponderance of town population, on the one hand concentrates the historical motive power of society; on the other hand, it disturbs the circulation of matter between man and the soil, i.e., prevents the return to the soil of its elements consumed by man in the form of food and clothing; it therefore violates the conditions necessary to lasting fertility of the soil. By this action it destroys at the same time the health of the town labourer and the intellectual life of the rural labourer. But while upsetting the naturally grown conditions for the maintenance of that circulation of matter, it imperiously calls for its restoration as a system, as a regulating law of social production, and under a form appropriate to the full development of the human race. In agriculture as in manufacture, the transformation of production under the sway of capital, means, at the same time, the martyrdom of the producer; the instrument of labour becomes the means of enslaving, exploiting, and impoverishing the labourer; the social combination and organization of labour-processes is turned into an organised mode of crushing out the workman's individual vitality, freedom, and independence. The dispersion of the rural labourers over larger areas breaks their power of resistance while concentration increases that of the town operatives. In modern agriculture, as in the urban industries, the increased productiveness and quantity of the labour set in motion are bought at the cost of laying waste and consuming by disease labour-power itself. Moreover, all progress in capitalistic agriculture is a progress in the art, not only of robbing the labourer, but of robbing the soil; all progress in increasing the fertility of the soil for a given time, is a progress towards ruining the lasting sources of that fertility. The more a country starts its development on the foundation of modern industry, like the United States, for example, the more rapid is this process of destruction. Capitalist production, therefore, develops technology, and the combining together of various processes into a social whole, only by sapping the original sources of all wealth — the soil and the labourer.

(52) 자본관계의 재생산

자본주의적 생산과정은, 하나의 연결된connected 전체과정, 즉 재생산과정이라는 측면에서 본다면, 상품이나 잉여가치를 생산할 뿐 아니라 자본관계 자체를, 즉 한편으로는 자본가를, 다른 한편으로는 임금노동자를 생산하고 재생산한다.

— 1하: 786~787; CW 35: 577; MEGA II/5: 468

Capitalist production, therefore, under its aspect of a continuous connected process, of a process of reproduction, produces not only commodities, not only surplus nalue, but it also produces and reproduces the capital relation; on the one side the capitalist, on the other the wage labourer.

(53) 자본가의 역사적 사명

자본가는 인격화한 자본으로서만 역사적 가치와 역사적 생존권을 가지고 있다. …… 이런 한에서만 자본가 자신의 일시적 존재의 필연성은 자본주의적 생산양식의 이행필연성에 포함되는 것이다. 자본가가 인격화한 자본인 한, 그의 활동 동기는 사용가치의 획득과 향락이 아니라 교환가치의 획득과 증식이다. 그는 가치증식을 열광적으로 추구하며 인류에게 무자비하게 생산을 위한 생산을 강제한다. 이리하여 자본가는 사회의 생산력의 발전과, 또 각 개인의 최대한의 자유로운 발달을 그 기본원칙으로 삼는 더 높은 사회형태의 유일한 현실적 토대로 될 수 있는 물질적 생산조건의 창조에 박차를 가한다. 자본의 인격화로서만 자본가는 존경을 받는다. — 1하: 806~807; CW 35: 587~588

Except as personified capital, the capitalist has no historical value, and no right to that historical existence, …… And so far only is the necessity for his own transitory existence implied in the transitory necessity for the capitalist mode of production. But, so far as he is personified capital, it is not values in use and the enjoyment of them. but exchange-value and its augmentation, that spur him into action.

Fanatically bent on making value expand itself, he ruthlessly forces the human race to produce for production's sake; he thus forces the development of the productive powers of society, and creates those material conditions, which alone can form the real basis of a higher form of society, a society in which the full and free development of every individual forms the ruling principle. Only as personified capital is the capitalist respectable.

(54) 노동에 대한 수요와 공급, 산업예비군

노동에 대한 수요는 자본의 증가와 동일한 것이 아니며, 노동의 공급은 노동자계급의 증가와 동일한 것이 아니다. 여기에서는 서로 독립된 두 개의 힘[자본과 노동]이 상호작용하는 것이 아니다. 한 쪽이 무겁게 되어 있는 주사위처럼, 자본은 두 측면 모두에서 동시에 작용한다. 자본의 축적이 한편으로 노동에 대한 수요를 증대시킨다면, 다른 한편으로는 노동자를 '유리'시켜 그 공급을 증대시키고, 동시에 실업자들의 압력은 취업자들로 하여금 더 많은 노동을 수행하지 않을 수 없게 하며, 따라서 일정한 정도까지는 노동의 공급을 노동자의 공급과 무관한 것으로 만든다. 이러한 토대 위에서 행해지는 노동의 수요 및 공급의 법칙의 작용은 자본의 독재를 완성한다. 그러므로 노동자들이 일을 많이 하면 할수록 타인의 부가 그만큼 더 많아지며, 그리고 그들의 노동생산성이 증가하면 할수록 [자본의 가치증식 수단으로서] 자기들의 기능조차 그만큼 더 위태롭게 되는 이유에 대한 비밀을 알게 되자마자; 또 그들이 자기들 사이의 경쟁의 강도는 전적으로 상대적 과잉인구의 압력에 의존한다는 것을 알게 되자마자; 또 그들이 자본주의적 생산의 이 자연법칙이 자기들의 계급에 미치는 파멸적인 영향을 제거하거나 약화시키기 위해 노동조합의 설립 등등에 의해 취업자와 실업자 사이의 계획된 협력을 조직하려고 노력하자마자; 자본과 그의 아첨꾼인 정치경제학은 '영원한' 그리고 이른바 '신성한' 수요공급법칙에 대한 침해라고 떠들어댄다. 취업자와 실업자 사이의 어떤 단결도 이 법칙의 '순수한' 작용을 교란시킨다는 것이다. 그러나 다른 한편으로 (예컨대 식민지에서) 불리한 사정들이 산업예비군의 형성과 그에 따르는 자본가계급에 대한 노동자계급의 절대적 종속을 방해하자마자, 자본은 그의 세속적인 산초 판사[아첨하는 경제학자]와 함께 수요공급의 '신성한' 법칙에 반기를 들고 강제수단과 국가개입에 의해 그것의 작용을 저지하려고 한다.

— 1하 : 873~874; CW 35: 634; MEGA II/5: 515~516.

The demand for labour is not identical with increase of capital, nor supply of labour with increase of the working class. It is not a case of two independent forces working on one another. *Les dés sont pipés*[The dice are loaded]. Capital works on both sides at the same time. If its accumulation, on the one hand, increases the demand for labour, it increases on the other the supply of labourers by the "setting free" of them, whilst at the same time the pressure of the unemployed compels those that are employed to furnish more labour, and therefore makes the supply of labour, to a certain extent, independent of the supply of labourers. The action of the law of supply and demand of labour on this basis completes the despotism of capital. As soon, therefore, as the labourers learn the secret, how it comes to pass that in the same measure as they work more, as they produce more wealth for others, and as the productive power of their labour increases, so in the same measure even their function as a means of the self-expansion of capital becomes more and more precarious for them; as soon as they discover that the degree of intensity of the competition among themselves depends wholly on the pressure of the relative surplus population; as soon as, by Trades' Unions, &c., they try to organise a regular co-operation between employed and unemployed in order to destroy or to weaken the ruinous effects of this natural law of capitalistic production on their class, so soon capital and its sycophant, Political Economy, cry out at the infringement of the "eternal" and so to say "sacred" law of supply and demand. Every combination of employed and unemployed disturbs the "harmonious" action of this law. But, on the other hand, as soon as (in the colonies, e.g.) adverse circumstances prevent the creation of an industrial reserve army and, with it, the absolute dependence of the working class upon the capitalist class, capital, along with its commonplace Sancho Panza, rebels against the "sacred" law of supply and demand, and tries to check its inconvenient action by forcible means and State interference.

(55) 노동자계급의 궁핍화 경향

사회의 부, 기능하는 자본, 기능자본 증대의 규모와 활력, 이리하여 또 프롤레타리아트의 절대수와 그들 노동의 생산력이 크면 클수록, 산업예비군은 그만큼 더 커진다. 자본의 확장력을 발전시키는 원인들 바로 그것이 또한 자본이 마음대로 이용할 수 있는 노동력을 증가시킨다. 다시 말해 산업예비군의 상대적 크기는 부의 잠재적 활력과 함께 증대한다. 그런데 이 산업예비군이 노동자 현역군에 비해 크면 클수록, 고통스러운 노동을 하지 않으면 더욱 빈곤해지는 고정적 과잉인구는 그만큼 더 많아진다. 끝으로, 노동자계급의 극빈층과 산업예비군이 크면 클수록, 공식적인 구호 빈민은 그만큼 더 많아진다. **이것이 자본주의적 축적의 절대적 일반법칙이다.** 다른 모든 법칙과 마찬가지로, 이 법칙도 이것의 실현에서는 여러 가지 사정에 의해 수정되는데, 이런 사정을 분석하는 것은 여기에서 우리의 관심사가 아니다.

노동자들을 향해 그들의 수를 자본의 증식욕구에 적응시키라고 설교하는 경제학적 지혜의 어리석음은 이제 명백하다. 자본주의적 생산과 축적의 메커니즘이 이 수를 끊임없이 자본의 증식욕구에 적응시키고 있기 때문이다. 이 적응의 첫 번째 결과는 상대적 과잉인구 또는 산업예비군의 창출이고, 그 마지막 결과는 노동자 현역군 중 끊임없이 증대하는 부분의 빈곤과 구호 빈민이다.

점점 더 증가하는 양의 생산수단이, 사회적 노동의 생산력 증가로 말미암아, 더욱더 적은 인간 힘의 지출로 가동된다는 법칙은, 노동자가 생산수단을 사용하는 것이 아니라 생산수단이 노동자를 사용하는 자본주의 사회에서는 완전히 전도되어 다음과 같이 나타난다. 즉 노동생산력이 높으면 높을수록 노동자들이 취업수단에 가하는 압력은 그만큼 더 커지며, 따라서 그들의 생존조건, 즉 타인의 치부 또는 자본의 가치증식을 위해 그들 자신의 노동력을 파는 것은 그만큼 더 불확실하게 된다는 것이다. 이리하여 생산수단과 노동생산력이 생산적 인구보다 더 빨리 증가한다는 사실이 자본주의 사회에서는 거꾸로 노동인구는 언제나 자본의 가치증식욕구보다 더 빨리 증가하는 것으로 표현된다.

[제1권] 제4편에서 상대적 잉여가치의 생산을 분석할 때 본 바와 같이, 자본주의 체제 안에서는 노동의 사회적 생산력을 향상시키기 위한 모든 방법은 개별 노동자의 희생 위에서 이루어진다. 생산을 발전시키는 모든 수단들은 생산자를 지배하고 착취하는 수단으로 전환되고, 노동자를 부분인간으로 불구화하며, 노동자를 기계의 부속물로 떨어뜨리며, 그의

노동의 멋있는 내용을 파괴함으로써 노동을 혐오스러운 고통으로 전환시키며, 과학이 독립적인 힘으로 노동과정에 도입되는 정도에 비례해 노동과정의 지적 잠재력을 노동자로부터 소외시킨다. 또한 노동생산력을 향상시키는 모든 방법과 수단은 노동자의 노동조건을 악화시키며, 노동과정에서 비열하기 때문에 더욱 혐오스러운 자본의 독재에 노동자를 굴복시키고, 노동자의 전체 생활시간을 노동시간으로 전환시키며, 그의 처자를 자본이라는 자거노트Juggernaut의 수레바퀴[크리슈나 신상인 자거노트를 실은 수레에 치여 죽으면 극락에 간다고 한다] 밑으로 [자본을 위해 희생시키려고] 질질 끌고 간다. 그런데 잉여가치를 생산하는 모든 방법은 동시에 축적의 방법이며, 그리고 축적의 모든 확대는 다시 이 방법을 발전시키는 수단으로 된다. 따라서 자본이 축적됨에 따라 노동자의 상태는, 그가 받는 임금이 많든 적든, 악화되지 않을 수 없다는 결론이 나온다. 끝으로, 상대적 과잉인구 또는 산업예비군을 언제나 축적의 규모 및 활력에 알맞도록 유지한다는 법칙은, 헤파이스토스[불火과 대장일의 신]의 쐐기가 프로메테우스를 바위에 결박시킨 것보다 더 단단하게 노동자를 자본에 결박시킨다. 이 법칙은 자본의 축적에 대응하는 빈곤의 축적을 필연적인 것으로 만든다. 따라서 한 쪽 끝의 부의 축적은 동시에 반대 쪽 끝, 즉 자기 자신의 생산물을 자본으로 생산하는 노동자계급 측의 빈곤·노동의 고통·노예상태·무지·잔인·도덕적 타락의 축적이다. ― 1하: 879~881; CW 35: 638~640; MEGA II/5: 519~520

The greater the social wealth, the functioning capital, the extent and energy of its growth, and, therefore, also the absolute mass of the proletariat and the productiveness of its labour, the greater is the industrial reserve army. The same causes which develop the expansive power of capital, develop also the labour power at its disposal. The relative mass of the industrial reserve army increases therefore with the potential energy of wealth. But the greater this reserve army in proportion to the active labour army, the greater is the mass of a consolidated surplus population, whose misery is in inverse ratio to its torment of labour. The more extensive, finally, the lazarus layers of the working class, and the industrial reserve army, the greater is official pauperism. *This is the absolute general law of capitalist accumulation.* Like all other laws it is modified in its working by many circumstances, the analysis of which does not concern us here.

The folly is now patent of the economic wisdom that preaches to the labourers the accommodation of their number to the requirements of capital. The mechanism of capitalist production and accumulation constantly effects this adjustment. The first word of this adaptation is the creation of a relative surplus population, or industrial reserve army. Its last word is the misery of constantly extending strata of the active army of labour, and the dead weight of pauperism.

The law by which a constantly increasing quantity of means of production, thanks to the advance in the productiveness of social labour, may be set in movement by a progressively diminishing expenditure of human power, this law, in a capitalist society — where the labourer does not employ the means of production, but the means of production employ the labourer — undergoes a complete inversion and is expressed thus: the higher the productiveness of labour, the greater is the pressure of the labourers on the means of employment, the more precarious, therefore, becomes their condition of existence, viz., the sale of their own labour power for the increasing of another's wealth, or for the self-expansion of capital. The fact that the means of production, and the productiveness of labour, increase more rapidly than the productive population, expresses itself, therefore, capitalistically in the inverse form that the labouring population always increases more rapidly than the conditions under which capital can employ this increase for its own self-expansion.

We saw in Part IV, when analysing the production of relative surplus value: within the capitalist system all methods for raising the social productiveness of labour are brought about at the cost of the individual labourer; all means for the development of production transform themselves into means of domination over, and exploitation of, the producers; they mutilate the labourer into a fragment of a man, degrade him to the level of an appendage of a machine, destroy every remnant of charm in his work and turn it into a hated toil; they estrange from him the intellectual potentialities of the labour process in the same proportion as science is incorporated in it as an independent power; they distort the conditions under which he works, subject him during the labour process to a despotism the more hateful for its meanness; they transform his life-time into working-time, and drag his wife and child beneath the wheels of the Juggernaut of capital. But all methods for the production of surplus value are at the same time methods of accumulation; and every extension of accumulation becomes again a means for the development of those methods. It follows therefore that in proportion as capital accumulates, the lot of the labourer, be his payment high or low, must grow worse. The law, finally, that always equilibrates the relative surplus population, or industrial reserve army, to the extent and energy of accumulation, this law rivets the labourer to capital more firmly than the wedges of Vulcan did Prometheus to the rock. It establishes an accumulation of misery, corresponding with accumulation of capital. Accumulation of wealth at one pole is, therefore, at the same time accumulation of misery, agony of toil, slavery, ignorance, brutality, mental degradation, at the opposite pole, i.e., on the side of the class that produces its own product in the form of capital.

(56) 임금노동자계급의 노예 상태

한쪽 끝에는 노동조건들이 자본으로 나타나며, 다른 쪽 끝에는 자기 자신의 노동력 이외에는 아무것도 팔 것이 없는 사람들이 나타난다는 것만으로는 불충분하다. 또한 그들이 자발적으로 자신을 팔지 않을 수 없게 되는 것만으로도 불충분하다. 자본주의적 생산이 진전됨에 따라 교육·전통·관습에 의해 자본주의적 생산양식의 요구들을 자명한 자연법칙으로 인정하는 노동자계급이 발전한다. 자본주의적 생산과정의 조직은, 일단 완전히 발전하면, 일체의 저항을 타파한다. 상대적 과잉인구의 끊임없는 창출은 노동에 대한 수요공급의 법칙을, 따라서 또 임금을, 자본의 증식욕구에 적합한 한계 안에 유지하며, 경제적 관계의 무언의 강제는 노동자에 대한 자본가의 지배를 확고히 한다. 직접적인 경제외적 폭력도 물론 여전히 사용되지만 그것은 다만 예외적이다. 보통의 사정에서는 노동자를 '생산의 자연법칙'에 내맡겨 둘 수 있다. 즉, 생산조건들 자체에 의해 발생하며 그것들에 의해 영구히 보장되고 있는 자본에 대한 노동자의 종속에 내맡겨 둘 수 있다. 그러나 자본주의적 생산의 역사적 생성기에는 사정이 달랐다. 신흥 부르주아지는 임금을 '규제'하기 위해, 즉 임금을 이윤획득에 적합한 범위 안으로 억압하기 위해, 또 노동일을 연장하기 위해, 그리고 노동자 자신을 정상적인 정도로 자본에 종속시키기 위해, 국가권력을 필요로 하며 또한 그것을 이용한다. 이것이 이른바 시초축적의 하나의 본질적 측면이다.

— 1하: 1013~1014; CW 35: 726; MEGA II/5: 591~592

It is not enough that the conditions of labour are concentrated in a mass, in the shape of capital, at the one pole of society, while at the other are grouped masses of men, who have nothing to sell but their labour-power. Neither is it enough that they are compelled to sell it voluntarily. The advance of capitalist production develops a working class, which by education, tradition, habit, looks upon the conditions of that mode of production as self-evident laws of Nature. The organization of the capitalist process of production, once fully developed, breaks down all resistance. The constant generation of a relative surplus-population keeps the law of supply and demand of labour, and therefore keeps wages, in a rut that corresponds with the wants of capital. The dull compulsion of economic relations completes the subjection of the labourer to the capitalist. Direct force, outside economic conditions, is of course still used, but only exceptionally. In the ordinary run of things, the labourer can be left to the "natural laws of production", i.e., to his dependence on capital, a dependence springing from, and guaranteed in perpetuity by, the conditions of production themselves. It is otherwise during the historic genesis of capitalist production. The bourgeoisie, at its rise, wants and uses the power of the state to "regulate" wages, i.e., to force them within the limits suitable for surplus value making, to lengthen the working day and to keep the labourer himself in the normal degree of dependence. This is an essential element of the so-called primitive accumulation.

(57) 자본주의적 축적의 역사적 경향

자본의 시초축적, 즉 자본의 역사적 발생은 결국 무엇으로 귀착되는가? 그것이 노예와 농노를 직접적으로 임금노동자로 전환시키는 것, 즉 단순한 형태변화가 아닌 이상, 그것은 오직 직접적 생산자의 수탈expropriation, 즉 자기 자신의 노동에 입각한 사적 소유의 해체를 의미할 따름이다. 사회적·집단적 소유의 대립물인 사적 소유는 오직 노동수단과 노동의 외부조건들이 개인에게 속하는 곳에서만 존재한다. 그러나 이 개인이 노동자인가 노동자가 아닌가에 따라 사적 소유의 성격이 달라지는데, 얼핏 보아도 눈에 띄는 이 사적 소유의 무한히 다양한 종류는 이 두 극단[노동자의 사적 소유와 비노동자의 사적 소유] 사이에 있는 중간 상태들을 반영할 따름이다. 생산수단에 대한 노동자의 사적 소유는 소경영 small-scale industry의 기초이며, 소경영은 사회적 생산의 발전과 노동자 자신의 자유로운 개성의 발전에 필요한 조건이다[이 문장의 프랑스어판: 노동자가 생산적 활동의 수단을 사적으로 소유한다는 것은 농업 또는 공업에서 소경경의 필연적 귀결이지만, 이 소경영은 사회적 생산의 못자리이고 노동자의 손의 숙련, 공부의 재능, 자유로운 개성을 연마하는 학교이다. 『資本論』(第1卷 4分冊): 1303~1304]. 이 생산방식이 노예제, 농노제 및 기타의 예속관계 아래에서도 존재하는 것은 사실이다. 그러나 그것이 번영하여 자기의 모든 정력을 발휘하고 자기의 적절한 전형적 형태를 취하는 것은, 오직 노동자가 자기 자신이 사용하는 노동조건의 자유로운 사적 소유자인 경우, 즉 농민이라면 자기가 경작하는 토지를, 수공예인이라면 자기가 능숙하게 다루는 도구를 소유하는 경우뿐이다. 이 생산방식은 토지의 분할과 기타 생산수단의 분산을 전제한다. 이 생산방식은 생산수단의 집중을 배제하기 때문에, 각 생산과정 안의 협업과 분업, 자연력에 대한 사회적 통제와 규제, 사회적 생산력의 자유로운 발전도 배제한다. 이 생산방식은 생산과 사회가 자연발생적인 좁은 범위 안에서 운동할 때에만 적합하다. 이 생산방식을 영구화하려는 것은, 페쾨르Pecqueur가 옳게 지적했듯이, '만인의 범인화를 명령'하려는 것이나 다름없다. 일정한 발전수준에 도달하면 이 생산방식은 자기 자신을 파괴하는 물질적 수단을 만들어낸다. 이 순간부터 사회의 태내에서는 이 생산방식을 질곡으로 느끼는 새로운 세력과 새로운 정열이 태동하기 시작한다. 이 생산방식은 철폐되지 않을 수 없으며 또 철폐된다. 이것의 철폐, 즉 개별적이고 분산된 생산수단이 사회적으로 집적된 생산수단으로 전환되는 것, 다수인의 영세한 소유가 소수인의 거대한 소유로 전환되는 것, 광범한 인민대중으로부터 토지와 생활수단 및 노동도구를 수탈하는 것, 이 처참하고 가혹한 인민대중의 수탈이 자본의 역사의 전주곡을 이룬다. 여기에는 일련의 폭력적 방법이 포함되어 있는데, 우리는 그 가운데서 자본의 시초 축적의 방법으로 획기적인 것만을 위에서 고찰했다. 직접적 생산자의 수탈은 가장 무자비한 만행에 의해, 그리고 가장 비열하고 가장 추악하고 가장 야비하고 가장 가증스러운 정열의 충동 아래에서 수행되었다. 자신의 노동으로 획득한 사적 소유, 말하자면 고립된 독립적으로 노동하는 개인과 자기의 노동을 위한 조건들과의 융합에 입각한 사적 소유는, 타인들의 형식상으로는 자유로운 노동, 즉 임금노동의 착취에 입각한 자본주의적 사적 소유에 의해 축출된다.

이 전환과정이 낡은 사회를 머리끝에서 발끝까지 충분히 분해시키자마자, 또 노동자가 프롤레타리아로 전환되고 그의 노동조건이 자본으로 전환되자마자, 그리고 또 자본주의적 생산방식이 자기 발로 서게 되자마자, 노동이 더욱더 사회적 성격을 띠게 되는 것과, 토지와 기타 생산수단이 더욱더 사회적으로 이용되는 생산수단, 즉 공동의 생산수단으로 전환되는 것 및 사적 소유자를 더욱더 수탈하는 것은 새로운 형태를 취하게 된다. 이제 수탈의 대상은 자기 자신을 위해 일하는 노동자가 아니라 다수의 노동자를 착취하는 자본가이다. 이 수탈은 자본주의적 생산 자체의 내재적 법칙의 작용을 통해, 자본의 집중을 통해 수행된다. 한 자본가는 항상 많은 자본가를 파멸시킨다. 이 집중, 즉 소수 자본가에 의한 다수 자본가의 수탈과 나란히, 노동과정의 협업적 형태, 과학의 의식적인 기술적 적용, 토지의 계획적 이용, 노동수단이 공동으로만 사용할 수 있는 노동수단으로 전환되는 것, 모든 생산수단이 결합된 사회화된 노동의 생산수단으로 사용됨으로써 절약되는 것, 각국 국민들이 세계시장의 그물 속에 편입되어 자본주의 체제의 국제적 성격 등이 점점 더 대규모로 발전한다. 이 전환과정의 모든 이익을 가로채고 독점하는 대자본가의 수는 끊임없이 줄어들지만 빈곤·억압·예속·타락·착취는 더욱더 증대하며, 이와 동시에 자본주의적 생산과정의 메커니즘 그 자체에 의해 그 수가 항상 증가하며 훈련되고 통일되며 조직되는 계급인 노동자 계급의 반항도 또한 성장한다. 자본의 독점은, 이 독점과 더불어 또 이 독점 밑에서 번창해 온 생산방식의 질곡fetter으로 된다. 생산수단의 집중과 노동의 사회적 성격은 마침내 생산수단과 노동의 자본주의적 겉껍질과 양립할 수 없는 지점에 도달한다. 자본주의적 겉껍질은 갈라져 망가진다. 자본주의적 사적 소유의 조종knell이 울린다. 수탈자가 수탈당한다.

자본주의적 생산방식으로부터 생기는 자본주의적 취득방식은 자본주의적 사적 소유를 낳는다. 이 자본주의적 사적 소유는 자기 자신의 노동에 의거한 개인적 사적 소유의 첫 번째 부정negation이다. 그러나 자본주의적 생산은 자연과정의 필연성을 가지고 자기 자신의 부정을 낳는다. 이것은 부정의 부정이다. 이 부정의 부정은 생산자에게 사적 소유를 재건하는 것이 아니라, 자본주의 시대의 성과 — 협업 그리고 토지를 포함한 모든 생산수단의 공동점유 — 에 의거하여 개인적 소유를 재건한다.

개인들의 자기 노동에 입각한 분산된 사적 소유를 자본주의적 사적 소유로 전환하는 것은, 이미 실제로 사회적으로 된 생산에 입각한 자본주의적 소유를 사회적 소유로 전환하는 것보다 비교할 수 없을 정도로 더 오래 걸리며 힘들고 어려운 과정인 것은 당연하다. 전자에서는 소수의 횡령자가 인민대중을 수탈하지만, 후자에서는 인민대중이 소수의 횡령자를 수탈하기 때문이다.   — 1하: 1047~1050; CW 35: 748~751

HISTORICAL TENDENCY OF CAPITALIST ACCUMULATION

What does the primitive accumulation of capital, i.e., its historical genesis, resolve itself into? In so far as it is not immediate transformation of slaves and serfs into wage labourers, and therefore a mere change of form, it only means the expropriation of the immediate producers, i.e., the dissolution of private property based on the labour of its owner. Private property, as the antithesis to social, collective property, exists only where the means of labour and the external conditions of labour belong to private individuals. But according as these private individuals are labourers or not labourers, private property has a different character. The numberless shades, that it at first sight presents, correspond to the intermediate stages lying between these two extremes. The private property of the labourer in his means of production is the foundation of petty industry, whether agricultural, manufacturing, or both; petty industry, again, is an essential condition for the development of social production and of the free individuality of the labourer himself. Of course, this petty mode of production exists also under slavery, serfdom, and other states of dependence. But it flourishes, it lets loose its whole energy, it attains its adequate classical form, only where the labourer is the private owner of his own means of labour set in action by himself: the peasant of the land which he cultivates, the artisan of the tool which he handles as a virtuoso. This mode of production presupposes parcelling of the soil and scattering of the other means of production. As it excludes the concentration of these means of production, so also it excludes cooperation, division of labour within each separate process of production, the control over, and the productive application of the forces of Nature by society, and the free development of the social productive powers. It is compatible only with a system of production, and a society, moving within narrow and more or less primitive bounds. To perpetuate it would be, as Pecqueur rightly says, "to decree universal mediocrity". At a certain stage of development, it brings forth the material agencies for its own dissolution. From that moment new forces and new passions spring up in the bosom of society; but the old social organization fetters them and keeps them down. It must be annihilated; it is annihilated. Its annihilation, the transformation of the individualized and scattered means of production into socially concentrated ones, of the pigmy property of the many into the huge property of the few, the expropriation of the great mass of the people from the soil, from the means of subsistence, and from the means of labour, this fearful and painful expropriation of the mass of the people forms the prelude to the history of capital. It comprises a series of forcible methods, of which we have passed in review only those that have been epoch-making as methods of the primitive accumulation of capital. The expropriation of the immediate producers was accomplished with merciless Vandalism, and under the stimulus of passions the most infamous, the most sordid, the pettiest, the most meanly odious. Self-earned private property, that is based, so to say, on the fusing together of the isolated, independent labouring individual with the conditions of his labour, is supplanted by capitalistic private property, which rests on exploitation of the nominally free labour of others, i.e., on wage labour.

As soon as this process of transformation has sufficiently decomposed the old society from top to bottom, as soon as the labourers are turned into proletarians, their means of labour into capital, as soon as the capitalist mode of production stands on its own feet, then the further socialization of labour and further transformation of the land and other means of production into socially exploited and, therefore, common means of production, as well as the further expropriation of private proprietors, takes a new form. That which is now to be expropriated is no longer the labourer working for himself, but the capitalist exploiting many labourers. This expropriation is accomplished by the action of the immanent laws of capitalistic production itself, by the centralization of capital. One capitalist always kills many. Hand in hand with this centralization, or this expropriation of many capitalists by few, develop, on an ever-extending scale, the cooperative form of the labour process, the conscious technical application of science, the methodical cultivation of the soil, the transformation of the instruments of labour into instruments of labour only usable in common, the economizing of all means of production by their use as means of production of combined, socialized labour, the entanglement of all peoples in the net of the world market, and with this, the international character of the capitalistic regime. Along with the constantly diminishing number of the magnates of capital, who usurp and monopolize all advantages of this process of transformation, grows the mass of misery, oppression, slavery, degradation, exploitation; but with this too grows the revolt of the working class, a class always increasing in numbers, and disciplined, united, organized by the very mechanism of the process of capitalist production itself. The monopoly of capital becomes a fetter upon the mode of production, which has sprung up and flourished along with, and under it. Centralization of the means of production and socialization of labour at last reach a point where they become incompatible with their capitalist integument. This integument is burst asunder. The knell of capitalist private property sounds. The expropriators are expropriated.

The capitalist mode of appropriation, the result of the capitalist mode of production, produces capitalist private property. This is the first negation of individual private property, as founded on the labour of the proprietor. But capitalist production begets, with the inexorability of a law of Nature, its own negation. It is the negation of negation. This does not re-establish private property for the producer, but gives him individual property based on the acquisition of the capitalist era: i.e., on cooperation and the possession in common of the land and of the means of production.

The transformation of scattered private property, arising from individual labour, into capitalist private property is, naturally, a process, incomparably more protracted, violent, and difficult, than the transformation of capitalistic private property, already practically resting on socialized production, into socialized property. In the former case, we had the expropriation of the mass of the people by a few usurpers; in the latter, we have the expropriation of a few usurpers by the mass of the people.

8. 『자본론』 제2권

(58) 사회적 생산 = 연합의 생산

사회적 생산의 기초 위에서는, 장기간에 걸쳐 노동력과 생산수단을 끌어내면서도 그 사이에 유용효과로서의 생산물을 공급하지 않는 작업들이, 연간 끊임없이 또는 여러 차례 노동력과 생산수단을 끌어낼 뿐만 아니라 생활수단과 생산수단을 공급하기도 하는 생산부문들을 해치지 않고 어느 정도까지 수행될 수 있는가를 미리 결정하는 것이 필요할 것이다. 사회적 생산에서나 자본주의적 생산에서나 다 마찬가지로…….

— 2: 429; CW 36: 356

When social production is the basis, the scale must be ascertained on which those operations — which withdraw labour power and means of production for a long time without supplying any product as a useful effect in the interim — can be carried on without injuring branches of production which not only withdraw labour power and means of porduction continually, or several times a year, but also supply means of subsistence and of production. Under social as well as capitalist production…….

9. 『자본론』 제3권

(59) 이윤율의 저하 가능성과 부의 생산

이윤율의 저하에 대한 그들[리카도처럼 자본주의적 생산양식을 절대적 생산양식으로 간주하는 경제학자들]의 공포에서 중요한 것은, 자본주의적 생산양식이 생산력의 발전에서 부의 생산 그 자체와는 아무런 상관이 없는 장벽에 부닥친다는 느낌이다. 이 특유의 장벽은, 자본주의적 생산양식의 제한성과 역사적이고 과도기적 성격을 증명하는 것이며, 따라서 자본주의적 생산양식은 부의 생산을 위한 절대적 생산양식이 아니라 오히려 일정한 단계에서는 부의 그 이상의 발전과 충돌하게 된다는 것을 증명하고 있다.

— 3상: 290~291; CW 37: 240

The main thing about their horror of the falling rate of profit is the feeling that capitalist production meets in the development of its productive forces a barrier which has nothing to do with the production of wealth as such; and this peculiar barrier testifies to the limitations and to the merely historical, transitory character of the capitalist mode of production; testifies that for the production of wealth, it is not an absolute mode, moreover, that at a certain stage it rather conflicts with its further development.

(60) 공황의 의미

공황은 항상 기존 모순들의 일시적인 폭력적 해결에 지나지 않으며, 교란된 균형을 일시적으로 회복시키는 강력한 폭발에 지나지 않는다. — 3상: 299; CW 37: 248; II/4.2: 323

The crises are always but momentary and forcible solutions of the existing contradictions. They are violent eruptions which for a time restore the disturbed equilibrium.

(61) 자본주의적 생산양식에 내재하는 본질적 모순

이 모순은 가장 일반적으로 표현하면 다음과 같은 점에 있다. 즉 자본주의적 생산양식은, 가치와 이것에 포함되어 있는 잉여가치에 상관하지 않고, 그리고 심하게는 자본주의적 생산이 진행되는 사회적 관계에도 상관하지 않고, 생산력을 절대적으로 발달시키는 경향을 포함하고 있는데, 동시에 다른 한편으로는 기존 자본가치의 유지와 그것의 최대한의 증식(이 가치의 가속적인 증대)을 목적으로 하고 있다는 점에 있다. 여기에서 특징적인 것은, 기존 자본가치를 수단으로 이용하여 그 가치를 최고한도로 증식시키려고 한다는 점과, 이 목적을 달성하는 방법들이 이윤율의 저하, 기존 자본의 가치감소, 그리고 이미 생산된 생산력을 희생으로 하는 노동생산력의 발달을 내포한다는 점이다. — 3상: 299; CW 37: 248

The contradiction, to put it in a very general way, consists in that the capitalist mode of production involves a tendency towards absolute development of the productive forces, regardless of the value and surplus-value it contains, and regardless of the social conditions under which capitalist production takes place; while, on the other hand, its aim is to preserve the value of the existing capital and promote its self-expansion to the highest limit (i.e., to promote an ever more rapid growth of this value). The specific feature about it is that it uses the existing value of capital as a means of increasing this value to the utmost. The methods by which it accomplishes this include the fall of the rate of profit, depreciation of existing capital, and development of the productive forces of labour at the expense of already created productive forces.

(62) 자본주의적 생산의 진정한 장벽

자본주의적 생산의 **진정한 장벽**은 **자본 그것**이다. 즉 자본과 자본의 자기증식이 생산의 출발점이자 종점, 동기이자 목적으로 나타난다는 점, 생산은 오직 **자본**을 위한 생산에 지나지 않으며, 따라서 생산수단이 생산자들의 **사회**를 위해 생활과정을 끊임없이 확대하기 위한 수단이 아니라는 점이 자본주의적 생산의 진정한 장벽이다. 생산자 대중의 수탈과 빈곤화에 의거하는 자본가치의 유지와 증식이 운동할 수 있는 한계들은, 자본이 자기의 목적을 위해 사용하지 않을 수 없는 생산방법들, 즉 생산의 무제한적 증가, 생산을 위한 생산, 노동의 사회적 생산력의 무조건적 발전 등을 위해 돌진하는 생산방법들과는 끊임없이 충돌하게 된다. 사회적 노동의 생산력의 무조건적 발전이라는 수단은, 기존 자본의 가치증식이라는 제한된 목적과 끊임없이 충돌하게 되는 것이다. 그러므로 자본주의적 생산양식이 물질적 생산력을 발달시키고 이 생산력에 적합한 세계시장을 창조하기 위한 역사적 수단이지만, 자본주의적 생산양식은 동시에 자기의 역사적 과업과 이것에 대응하는 자기의 사회적 생산관계 사이의 끊임없는 충돌이라고도 할 수 있다. ― 3상: 300; CW 37: 248~249

The *real barrier* of capitalist production is *capital itself*. It is that capital and its self-expansion appear as the starting and the closing point, the motive and the purpose of production; that production is only production for *capital* and not vice versa, the means of production are not mere means for a constant expansion of the living process of the *society* of producers. The limits within which the preservation and self-expansion of the value of capital resting on the expropriation and pauperisation of the great mass of producers can alone move ― these limits come continually into conflict with the methods of production employed by capital for its purposes, which drive towards unlimited extension of production, towards production as an end in itself, towards unconditional development of the social productivity of labour. The means — unconditional development of the productive forces of society — comes continually into conflict with the limited purpose, the self-expansion of the existing capital. The capitalist mode of production is, for this reason, a historical means of developing the material forces of production and creating an appropriate world-market and is, at the same time, a continual conflict between this its historical task and its own corresponding relations of social production.

(63) 자본주의에서 생산력과 생산관계의 모순

자본주의적 생산양식의 모순은, 이 생산양식이 **생산력**을 절대적으로 발전시키려는 경향을 가지고 있는데, 이 생산력의 발전은 자본이 그 안에서 운동하는 특수한 **생산조건**들과 끊임없이 충돌한다는 점이다. ― 3상: 309; CW 37: 256

The contradiction of the capitalist mode of production, however, lies precisely in its tendency towards an absolute development of the productive *forces*, which continually come into conflict with the specific *conditions* of production in which capital moves, and alone can move.

(64) 과잉생산의 의미

현재의 인구에 비해 너무나 많은 생활수단이 생산되는 것은 아니다. 그 반대이다. 총인구의 필요를 충분히 그리고 인간답게 충족시키기에는 생산되는 것이 너무나 적다.
　잠재적 노동인구를 고용하는 데 필요한 것보다 많은 생산수단이 생산되는 것도 아니다. 그 반대이다. …… 그러나 어느 일정한 이윤율로 노동자를 착취하는 수단으로 쓰이기에는 너무나 많은 노동수단과 생산수단이 주기적으로 생산된다. 상품의 가치와 이 속에 포함되어 있는 잉여가치가, 자본주의적 생산에 특유한 분배·소비 조건 아래에서 실현되어, 새로운 자본으로 전환되기에는 너무나 많은 상품들이 생산된다.

— 3상: 309~310; CW 37: 256~257

There are not too many necessities of life produced, in proportion to the existing population. Quite the reverse. Too little is produced to decently and humanely satisfy the wants of the great mass.

There are not too many means of production produced to employ the able-bodied portion of the population. Quite the reverse ······

On the other hand, too many means of labour and necessities of life are produced at times to permit of their serving as means for the exploitation of labourers at a certain rate of profit. Too many commodities are produced to permit of a realisation and conversion into new capital of the value and surplus-value contained in them under the conditions of distribution and consumption peculiar to capitalist production.

(65) 자본주의적 생산양식의 한계

자본주의적 생산양식의 한계는 다음과 같이 나타난다.

① 노동생산력의 발달은 이윤율의 저하로부터 하나의 법칙을 낳는데, 이 법칙은 생산력 발전의 어느 지점에서는 생산력의 발달 그 자체에 적대적으로 대항하며 따라서 공황에 의해 끊임없이 극복되어야만 한다.

② 생산의 확장 또는 축소를 결정하는 것은, 생산과 사회적 욕구(사회적으로 발달한 인간의 욕구) 사이의 비율이 아니라, 불불노동의 취득과, 이 불불노동과 대상화된 노동 일반 사이의 비율 — 이것을 자본가의 언어로 말하면 이윤과, 이 이윤과 자본투자액 사이의 비율, 즉 어떤 일정한 이윤율 — 이다. 따라서 자본주의적 생산양식은 사회적 욕구를 충족시키기에는 터무니없이 부족한 생산의 확장 수준에서 이미 생산에 대한 장벽에 부닥친다. 다시 말해 생산은 사회적 욕구가 충족되는 수준에서 멈추는 것이 아니라 이윤의 생산과 실현이 명령하는 수준에서 멈춘다.

— 3상: 310; CW 37: 257

The limitations of the capitalist mode of production come to the surface:

1) In that the development of the productivity of labour creates out of the falling rate of profit a law which at a certain point comes into antagonistic conflict with this development and must be overcome constantly through crises.

2) In that the expansion or contraction of production are determined by the appropriation of unpaid labour and the proportion of this unpaid labour to materialised labour in general, or, to speak the language of the capitalists, by profit and the proportion of this profit to the employed capital, thus by a definite rate of profit, rather than the relation of production to social requirements, i.e., to the requirements of socially developed human beings. It is for this reason that the capitalist mode of production meets with barriers at a certain expanded stage of production which, if viewed from the other premise, would reversely have been altogether inadequate. It comes to a standstill at a point fixed by the production and realisation of profit, and not the satisfaction of requirements.

(66) 생산의 발전과 이윤율의 저하

사회적 노동의 생산력의 발달은 자본의 역사적 사명이며 자본의 정당화의 근거이다. 바로 이것에 의해 자본은 무의식적으로 더 높은 생산형태를 위한 물질적 조건들을 창조한다. 리카도를 불안하게 만든 것은 이윤율 — 자본주의적 생산의 자극제이며 축적의 조건이고 추진력이다 — 이 생산의 발달 그것에 의해 위협을 받는다는 점이었다.

— 3상: 311; CW 37: 258

Development of the productive forces of social labour is the historical task and justification of capital. This is just the way in which it unconsciously creates the material requirements of a higher mode of production. What worries Ricardo is the fact that the rate of profit, the stimulating principle of capitalist production, the fundamental premise and driving force of accumulation, should be endangered by the development of production itself.

(67) 주식회사의 형성, 이것에 의하여

① 생산규모와 기업이 거대하게 팽창했는데, 이것은 개인자본individual capital으로서는 불가능한 일이었다. 동시에 종전의 정부기업들이 회사기업으로 된다.

② 그 자체 생산의 사회적 방식에 의거하며 생산수단과 노동력의 사회적 집중을 전제하는 자본은, 이제 사적 자본과 구별되는 사회적 자본(직접적으로 연합한 개인들의 자본)의 형태를 직접적으로 취하며, 이런 자본의 기업은 사적 기업과는 구별되는 사회적 기업의 형태를 취한다. 이것은 자본주의적 생산양식 그것의 테두리 안에서 사적 소유로서의 자본을 철폐하는 것이다.

③ 현실의 기능자본가는 단순한 경영자, 타인 자본의 관리자로 전환하며, 자본소유자는 단순한 소유자, 단순한 화폐자본가로 전환한다. 자본소유자가 받는 배당이 이자와 기업가이득, 즉 총이윤을 포함하고 있다 할지라도(왜냐하면 경영자의 봉급은 단순히 특수한 종류의 숙련노동 — 이것의 가격은 기타의 모든 노동력의 가격과 마찬가지로 노동시장에서 결정된다 — 에 대한 임금이거나 그럴 수밖에 없기 때문이다), 이 총이윤은 오직 이자의 형태로서만, 즉 자본소유에 대한 단순한 보상으로서만 취득된다. 이 자본소유는 이제는 현실의 재생산과정에서의 기능과는 완전히 분리되어 있는데, 이는 경영자라는 인격에 속하는 이 기능이 자본소유와 분리되어 있는 것과 마찬가지다. 이리하여 (차입자의 이윤에 의해 정당화되는 이자뿐만 아니라) 모든 이윤은 오로지 타인의 잉여노동을 취득한 것으로 나타난다. 잉여노동은 생산수단이 자본으로 전환되는 것 — 즉 생산수단이 경영자로부터 최말단의 일용노동자에 이르기까지 현실적으로 생산에서 활동하는 모든 개인으로부터 분리되어 이들에 대해 타인의 소유로서 대립하는 것 — 에 의해 발생한다. 주식회사에서 기능은 자본소유와 분리되고, 그리하여 [기능자본가를 대신한 경영자의] 노동도 생산수단과 잉여노동의 소유와 완전히 분리된다. 자본주의적 생산의 최고의 발전이 낳는 이런 결과는 자본을 생산자들의 소유 — 그러나 이제는 개별생산자들의 사적 소유가 아니라, 연합한 생산자들 associated producers의 소유 또는 직접적 사회소유 — 로 재전환하기 위한 필연적 통과점이다. 다른 한편으로 주식회사는 재생산과정에서 아직도 자본소유와 결부되어 있는 모든 기

능들을 연합한 생산자들의 단순한 기능으로, 사회적 기능으로 전환하기 위한 통과점이다.
— 3상: 541~542; CW 37: 434~435

Formation of stock companies. Thereby:

1) An enormous expansion of the scale of production and of enterprises, that was impossible for individual capitals. At the same time, enterprises that were formerly government enterprises, become public.

2) The capital, which in itself rests on a social mode of production and presupposes a social concentration of means of production and labour-power, is here directly endowed with the form of social capital (capital of directly associated individuals) as distinct from private capital, and its undertakings assume the form of social undertakings as distinct from private undertakings. It is the abolition of capital as private property within the framework of capitalist production itself.

3) Transformation of the actually functioning capitalist into a mere manager, administrator of other people's capital, and of the owner of capital into a mere owner, a mere money-capitalist. Even if the dividends which they receive include the interest and the profit of enterprise, i.e., the total profit (for the salary of the manager is, or should be, simply the wage of a specific type of skilled labour, whose price is regulated in the labour-market like that of any other labour), this total profit is henceforth received only in the form of interest, i.e., as mere compensation for owning capital that now is entirely divorced from the function in the actual process of reproduction, just as this function in the person of the manager is divorced from ownership of capital. Profit thus appears (no longer only that portion of it, the interest, which derives its justification from the profit of the borrower) as a mere appropriation of the surplus-labour of others, arising from the conversion of means of production into capital, i.e., from their alienation vis-à-vis the actual producer, from their antithesis as another's property to every individual actually at work in production, from manager down to the last day-labourer. In stock companies the function is divorced from capital ownership, hence also labour is entirely divorced from

ownership of means of production and surplus-labour. This result of the ultimate development of capitalist production is a necessary transitional phase towards the reconversion of capital into the property of producers, although no longer as the private property of the individual producers, but rather as the property of associated producers, as outright social property. On the other hand, the stock company is a transition toward the conversion of all functions in the reproduction process which still remain linked with capitalist property, into mere functions of associated producers, into social functions.

(68) 주식회사는 자본주의적 생산양식을 지양한다

주식회사는 자본주의적 생산양식 그것 안에서 자본주의적 생산양식을 지양하는 것이며, 따라서 자기 자신을 지양하는 모순인데, 이 모순은 새로운 생산형태로 가는 단순한 이행국면을 명백히 상징한다. 주식회사는 현상에서도 이런 모순으로서 나타나고 있다. 주식회사는 일정한 분야에서 독점을 낳고 이리하여 국가 개입을 불러일으킨다. 주식회사는 새로운 금융귀족을 재생산하고, 회사발기인·투기꾼·명목뿐인 임원의 형태로 새로운 종류의 기생층을 재생산하며, 회사창업·주식발행·주식투기에 의해 사기와 횡령의 제도 전체를 재생산한다. 이런 상황은 사적 소유를 통제하지 않는 사적 생산이다. — 3상: 544; CW 37: 436

This[stock company] is the abolition of the capitalist mode of production within the capitalist mode of production itself, and hence a self-dissolving contradiction, which *prima facie* represents a mere phase of transition to a new form of production. It manifests itself as such a contradiction in its effects. It establishes a monopoly in certain spheres and thereby requires state interference. It reproduces a new financial aristocracy, a new variety of parasites in the shape of promoters, speculators and simply nominal directors; a whole system of swindling and cheating by means of corporation promotion, stock issuance, and stock speculation. It is private production without the control of private property.

(69) 연합한 생산자들의 사회적 소유

　수탈이 이제는 직접적 생산자들로부터 중소자본가들 자신에까지도 미치고 있다. 수탈은 자본주의적 생산양식의 출발점이며, 수탈의 실행이 자본주의적 생산양식의 목표이고, 이 목표는 결국 모든 개인들로부터 생산수단을 수탈하는 것이다. 즉 사회적 생산의 발달에 따라 생산수단은 사적 생산의 수단이나 생산물이기를 멈추며, 따라서 연합한 생산자들의 수중에 있는 생산수단, 그들의 사회적 소유일 수밖에 없다. 이것은 생산수단이 그들의 사회적 생산물인 것과 마찬가지다. 그러나 자본주의체제 그것 안에서는 이런 수탈은 소수인에 의한 사회적 소유의 취득이라는 반대의 형태를 취해 나타난다. 그리고 신용은 이 소수인에게 순전히 사기꾼의 성격을 점점 더 부여하고 있다. 소유는 여기에서 주식의 형태로 존재하기 때문에, 소유의 운동과 이전은 증권거래소의 노름의 결과일 따름인데, 증권거래소에서는 작은 고기들은 상어의 밥이 되고 양은 이리의 밥이 된다. 주식회사제도에서는 사회적 생산수단이 개인적 소유로 나타나는 낡은 형태와의 대립이 존재하지만, 주식이라는 형태로의 전환은 아직도 자본주의적 올가미에 걸려 있다. 따라서 주식회사가 사회적 부와 사적 부로서의 부의 성격 사이의 대립을 극복하기는커녕 이 대립을 새로운 형태로 전개시키고 있을 뿐이다.

― 3상: 545~546; CW 37: 437

　Expropriation extends here from the direct producers to the smaller and the medium-sized capitalists themselves. It is the point of departure for the capitalist mode of production; its accomplishment is the goal of this production. In the last instance, it aims at the expropriation of the means of production from all individuals. With the development of social production the means of production cease to be means of private production and products of private production, and can thereafter be only means of production in the hands of associated producers, i.e., the latter's social property, much as they are their social products. However, this expropriation appears within the capitalist system in a contradictory form, as appropriation of social property by a few; and credit lends the latter more and more the aspect of pure adventurers. Since property here exists in the form of stock, its movement and transfer become purely a result of gambling on the stock exchange, where the little fish are swallowed by the sharks and the lambs by the stock-exchange wolves. There is antagonism against the old form in the stock companies, in which social means of production appear as private property; but the conversion to the form of stock still remains ensnared in the trammels of capitalism; hence, instead of overcoming the antithesis between the character of wealth as social and as private wealth, the stock companies merely develop it in a new form.

(70) 협동조합 공장

노동자들 자신의 협동조합 공장은, 비록 현실의 조직에서는 어디에서나 기존 체제의 모든 결함을 재생산하며 또 재생산하지 않을 수 없지만, 낡은 형태 내부에서 새로운 형태가 출현하는 최초의 실례이다. 이 협동조합 공장 내부에서는 자본과 노동 사이의 대립이, 비록 처음에는 연합한 노동자들이 자기 자신의 자본가라는 형태로, 즉 그들이 자기 자신의 노동을 고용하기 위해 생산수단을 사용한다는 형태로이긴 하지만, 철폐되어 있다. 이런 공장은 물질적 생산력과 그것에 대응하는 사회적 생산형태의 일정한 발전단계에서 어떻게 새로운 생산방식이 낡은 생산방식으로부터 자연적으로 형성되는가를 보여준다. 협동조합 공장은, 자본주의적 생산양식으로부터 발생하는 공장제도 없이는 발달할 수 없었을 것이며, 또한 자본주의적 생산양식으로부터 발생하는 신용제도 없이는 발달할 수 없었을 것이다[협동조합 공장은 주식 발행을 통해 자금을 모았다]. 신용제도는 자본주의적 사적 기업을 자본주의적 주식회사로 점차적으로 전환시키기 위한 주요한 기초를 이루는 것과 마찬가지로, 협동조합 기업을 다소간 국민적 규모로 점차로 확장시키기 위한 수단을 제공한다. 자본주의적 주식회사도 협동조합 공장과 마찬가지로 자본주의적 생산양식으로부터 연합한associated 생산양식으로 가는 이행형태로 간주되어야 하는데, 다만 전자에서는 자본과 노동 사이의 대립이 소극적으로 철폐되고, 후자에서는 적극적으로 철폐되고 있다는 점이 다를 뿐이다.

— 3하: 546~547; CW 37: 438

The cooperative factories of the labourers themselves represent within the old form the first sprouts of the new, although they naturally reproduce, and must reproduce, everywhere in their actual organization all the shortcomings of the prevailing system. But the antithesis between capital and labour is overcome within them, if at first only by way of making the associated labourers into their own capitalist, i.e., by enabling them to use the means of production for the employment of their own labour. They show how a new mode of production naturally grows out of an old one, when the development of the material forces of production and of the corresponding forms of social production have reached a particular stage. Without the factory system arising out of the capitalist mode of production there could have been no co-operative factories. Nor could these have developed without the credit system arising out of the same mode of production. The credit system is not only the principal basis for the gradual transformation of capitalist private enterprises into capitalist stock companies, but equally offers the means for the gradual extension of co-operative enterprises on a more or less national scale. The capitalist stock companies, as much as the co-operative factories, should be considered as transitional forms from the capitalist mode of production to the associated one, with the only distinction that the antagonism is resolved negatively in the one and positively in the other.

(71) 연합한 노동의 생산양식과 신용제도

자본주의적 생산양식으로부터 연합한 노동associated labour의 생산양식으로의 이행과정에서 신용제도가 강력한 지렛대로 기능하리라는 것은 의심의 여지가 없다. 그러나 신용제도는 생산양식 그것의 기타의 대규모 유기적 변화들과 관련하여 오직 하나의 요소로서 기능할 뿐이다. 이와는 반대로, 사회주의적 의미에서의 신용·은행제도의 기적적인 힘에 관한 환상은 자본주의적 생산양식과 이 생산양식의 형태들의 하나로서의 신용제도에 대한 완전한 무지로부터 나온다. 생산수단이 자본으로 전환되기를 중단하자마자…… 신용 그것은 이제 아무런 의미도 지니지 못하는데, 이것은 이미 상시몽주의자들도 인식하고 있었다. ― 3하: 747~748; CW 37: 602; II/4.2: 662

[T]here is no doubt that the credit system will serve as a powerful lever during the transition from the capitalist mode of production to the mode of production of associated labour; but only as one element in connection with other great organic revolutions of the mode of production itself. On the other hand, the illusions concerning the miraculous power of the credit and banking system, in the socialist sense, arise from a complete lack of familiarity with the capitalist mode of production and the credit system as one of its forms. As soon as the means of production cease being transformed into capital……, credit as such no longer has any meaning. This, incidentally, was even understood by the followers of Saint-Simon.

(72) 필연성의 영역에서의 자유와 진정한 자유의 영역

필연성의 영역에서 자유는 오직 다음과 같은 점에 있다. 즉 사회적으로 된 인간, 연합한 생산자들이 자연과의 신진대사를 합리적으로 규제함으로써, 그 신진대사가 맹목적인 힘으로서 자기 자신을 지배하는 것이 아니라 그들이 그 신진대사를 공동적 제어 아래에 두는 것, 그리하여 최소의 노력으로 그리고 인간성에 가장 알맞고 적합한 조건 아래에서 그 신진대사를 수행하는 것이다. 그러나 이것은 여전히 아직 필연성의 영역realm of necessity이다. 이 영역을 넘어서야만 인간의 힘을 목적 그 자체로서 발달시키는 진정한 자유의 영역이 시작되는데, 자유의 영역은 필연성의 영역을 기초로 해야만 개화될 수 있다. 노동일의 단축은 그 기본적인 전제조건이다.　　　― 3하: 998~999; CW 37: 807; II/4.2: 838

Freedom in this field can only consist in socialised man, the associated producers, rationally regulating their interchange with Nature, bringing it under their common control, instead of being ruled by it as by the blind forces of Nature; and achieving this with the least expenditure of energy and under conditions most favourable to, and worthy of, their human nature. But it nonetheless still remains a realm of necessity. Beyond it begins that development of human energy which is an end in itself, the true realm of freedom, which, however, can blossom forth only with this realm of necessity as its basis. The shortening of the working-day is its basic prerequisite.

(73) 개성의 최대한의 발달이 요구하는 소비범위

만약 임금이 그것의 일반적 기초, 즉 노동자 자신의 노동생산물 중 자기 자신의 개인적 소비에 들어가는 부분으로 환원된다면; 만약 이 임금 몫이 이것의 자본주의적 제한으로부터 해방되어 현존의 사회적 생산력(실제로 사회적 노동인 자기 자신의 노동의 사회적 생산력)이 허용하는, 그리고 개성의 최대한의 발달이 요구하는, 소비범위로까지 확대된다면; 만약 사회의 주어진 생산조건에서 한편으로는 보험재원과 준비재원을 형성하는 것과 다른 한편으로는 사회적 욕구가 요구하는 규모까지 재생산을 확대하는 것에 필요한 정도로 잉여노동과 잉여생산물이 축소된다면; 끝으로, 만약 아직 어리거나 더는 노동할 수 없는 사회구성원을 위해 항상 수행해야만 하는 노동량을 필요노동과 잉여노동 모두에 나누어 넣는다면; 다시 말해 임금과 잉여가치로부터 그리고 필요노동과 잉여노동으로부터 특수하게 자본주의적 성격을 모두 제거한다면, 남는 것은 이런 형태들이 아니라 모든 사회적 생산양식에 공통되는 이런 형태들의 기초일 뿐이다.

— 3하: 1063; CW 37: 862~863; MEGA II/4.2: 893~894

[I]f wages are reduced to their general basis, namely, to that portion of the product of the producer's own labour which passes over into the individual consumption of the labourer; if we relieve this portion of its capitalist limitations and extend it to that volume of consumption which is permitted, on the one hand, by the existing productivity of society (that is, the social productivity of his own individual labour as actually social), and which, on the other hand, the full development of the individuality requires; if, furthermore, we reduce the surplus-labour and surplus-product to that measure which is required under prevailing conditions of production of society, on the one side to create an insurance and reserve fund, and on the other to constantly expand reproduction to the extent dictated by social needs; finally, if we include in No. 1 the necessary labour, and in No. 2 the surplus-labour, the quantity of labour which must always be performed by the able-bodied in behalf of the immature or incapacitated members of society, i.e., if we strip both wages and surplus-value, both necessary and surplus labour, of their specifically capitalist character, then certainly there remain not these forms, but merely their rudiments, which are common to all social modes of production.

(74) 자본의 인격화로서 자본가

자본가가 자본의 인격화로서 직접적 생산과정에서 얻는 권위, 그가 생산의 지휘자와 지배자로서 수행하는 사회적 기능은 노예·농노 등에 의한 생산에 근거한 권위와는 본질적으로 다르다.

자본주의적 생산의 토대 위에서는 직접적 생산자 대중은 그들의 생산의 사회적 성격으로 말미암아 엄격히 규제하는 권위 그리고 완전한 위계제로 편성된 노동과정의 사회적 메커니즘에 부닥치고 있다. 그러나 자본가는 노동에 대립하는 노동조건의 인격화로서만 이 권위를 얻는 것이지, 이전의 생산형태에서처럼 정치적·신정적 지배자로서 권위를 얻는 것은 아니다. 그렇지만 이 권위의 담당자인 자본가들 자신은 오직 상품의 소유자로서만 서로 대면할 뿐이기 때문에, 그들 사이에는 가장 완전한 무정부상태가 지배하고 있으며, 이 무정부상태에서도 생산의 사회적 상호관련은 개인의 변덕을 압도하는 자연법칙으로서 자기를 관철할 뿐이다. ― 3하: 1069; CW 37: 867~868; MEGA II/4.2: 898

The authority assumed by the capitalist as the personification of capital in the direct process of production, the social function performed by him in his capacity as manager and ruler of production, is essentially different from the authority exercised on the basis of production by means of slaves, serfs, etc.

Whereas, on the basis of capitalist production, the mass of direct producers is confronted by the social character of their production in the form of strictly regulating authority and a social mechanism of the labour-process organised as a complete hierarchy — this authority reaching its bearers, however, only as the personification of the conditions of labour in contrast to labour, and not as political or theocratic rulers as under earlier modes of production — among the bearers of this authority, the capitalists themselves, who confront one another only as commodity-owners, there reigns complete anarchy within which the social interrelations of production assert themselves only as an overwhelming natural law in relation to individual free will.

(75) 유물사관의 공식

노동과정의 특수한 역사적 형태들은 각각 노동과정의 물질적 토대와 사회적 형태를 더욱 발전시킨다. 일정한 성숙단계에 도달하면, 그 일정한 역사적 형태는 버려지며 더 높은 형태에 자리를 양보한다. 이런 위기의 순간이 도래했다는 징조는, 한편에서는 분배관계와 이것에 대응하는 생산관계의 특수한 역사적 형태, 그리고 다른 한편에서는 생산력·생산성과 이것의 구성요소들의 발달, 사이에 모순·대립이 확대되고 심화된다는 점이다. 이리하여 생산의 물질적 발전과 생산의 사회적 형태 사이에 충돌이 발생한다.

— 3하: 1072; CW 37: 870

[E]ach specific historical form of this[labour] process further develops its material foundations and social forms. Whenever a certain stage of maturity has been reached, the specific historical form is discarded and makes way for a higher one. The moment of arrival of such a crisis is disclosed by the depth and breadth attained by the contradictions and antagonisms between the distribution relations, and thus the specific historical form of their corresponding production relations, on the one hand, and the productive forces, the production powers and the development of their agencies, on the other hand. A conflict then ensues between the material development of production and its social form.

(76) 계급투쟁

Ⅶ.…… 끝으로, 위위 세 가지 항목 — 즉 임금, 지대, 이윤(이자) — 이 토지소유자, 자본가 및 임금노동자라는 세 계급의 수입원천을 이루기 때문에, 우리는 결론적으로 이 모든 것의 운동과 붕괴가 달려 있는 **계급투쟁**을 다루게 된다.

─『자본론』제3권 제7편의 내용에 관해 엥겔스에게 보낸 편지.
1868년 4월 30일자. CW 43: 25

Ⅶ.…… Finally, since those 3 items (wages, rent, profit(interest)) constitute the sources of income of the 3 classes of landowners, capitalists and wage labourers, we have the *class struggle,* as the conclusion in which the movement and disintegration of the whole shit resolves itself.

10. 1871년 『프랑스의 내전』

(77) 계급소유의 철폐와 개인적 소유

코뮌은 다수인의 노동을 소수인의 부로 전환시키는 계급소유를 철폐하고자 했다. 코뮌은 수탈자의 수탈을 의도했다. 코뮌은, 지금 주로 노동을 노예화하고 착취하는 수단으로 되고 있는 생산수단인 토지와 자본을 자유로운 연합한 노동free and associated labour의 단순한 도구로 전환시킴으로써 개인적 소유를 사실로 만들기를 원했다.

— 『저작선집』 4: 68; CW 22: 335

The Commune intended to abolish that class property which makes the labour of the many the wealth of the few. It aimed at the expropriation of the expropriators. It wanted to make individual property a truth by transforming the means of production, land, and capital, now chiefly the means of enslaving and exploiting labour, into mere instruments of free and associated labour.

(78) 계획경제

만약 통합한 협동조합적 조직들이 하나의 공동 계획에 의거해 전국의 생산을 조정하고, 이리하여 그것을 자기 자신의 제어 아래 둠으로써 자본주의적 생산의 숙명인 끊임없는 무정부상태와 주기적 경기변동에 종지부를 찍는다면, 여러분 바로 이것이 공산주의, '가능한' 공산주의가 아니고 무엇인가?   — CW 22: 335; I/22: 143

[I]f united co-operative societies are to regulate national production upon common plan, thus taking it under their own control, and putting an end to the constant anarchy and periodical convulsions which are the fatality of capitalist production — what else, gentlemen, would it be but communism, "possible" communism?

(79) 부르주아 사회가 잉태하고 있는 새로운 사회를 해방시키는 것

노동자계급은 코뮌으로부터 기적을 기대하지 않았다. 그들은 '인민의 명령에 따라' 실시해야 할 미리 만든 유토피아를 가지고 있지 않다. 자기 자신의 해방을 달성하기 위해, 그리고 이것과 함께 현재의 사회가 자기 자신의 경제적 작용인作用因. agencies에 의해 불가항력적으로 향하고 있는 보다 높은 사회형태를 만들어내기 위해서는, 노동자계급은 환경과 인간을 변혁시키는 장기의 투쟁과 일련의 역사적 과정을 통과하지 않으면 안 된다는 것을 알고 있다. 그들은 실현해야 할 이상을 가지고 있지 않다. 그들이 해야 할 일은 낡은 붕괴하는 부르주아 사회 그 자체가 잉태하고 있는 새로운 사회의 요소들을 해방시키는 것이다.
  — CW 22: 335; I/22: 143

The working class did not expect miracles from the Commune. They have no ready-made utopias to introduce *par décret du peuple*. They know that in order to work out their own emancipation, and along with it that higher form to which present society is irresistably tending by its own economical agencies, they will have to pass through long struggles, through a series of historic processes, transforming circumstances and men. They have no ideals to realize, but to set free the elements of the new society with which old collapsing bourgeois society itself is pregnant.

(80) 계급투쟁의 전개과정

노동자계급은 자기들이 계급투쟁의 상이한 국면을 통과하지 않으면 안 된다는 것을 알고 있다. 그들은 노예 같은 노동의 경제적 조건을 자유로운 연합한 노동의 조건으로 갈아치우는 것이 시간이 걸리는 점진적인 사업일 수밖에 없다는 것(경제적 변혁), 그리고 이것을 위해서는 분배의 변경뿐 아니라 생산의 새로운 조직이 필요하다는 것, 또는 오히려 현재의 조직된 노동에 의거한 사회적 생산형태들(이것들은 현재의 산업에 의해 생긴 것이다)에서 노예제의 속박과 현재의 계급적 성격을 제거하는 것과 그것들을 전국적·국제적으로 조화롭게 결합시키는 것이 필요하다는 것을 그들은 알고 있다. 이런 쇄신작업은 기득권과 계급 이기주의의 저항에 부딪혀 몇 번이나 방해를 받을 것을 그들은 알고 있다. 현재의 '자본과 토지소유의 자연법칙의 자연발생적 작용'은, 지난날 '노예제의 경제법칙의 자연발생적 작용'과 '봉건제의 경제법칙의 자연발생적 작용'이 그랬듯이, 오직 새로운 조건들의 장기적 발달과정을 통해 '자유로운 연합한 노동의 사회경제법칙의 자연발생적 작용'에 의해서만 지양될 수 있을 것을 그들은 알고 있다. 그러나 이와 동시에 그들은 정치조직의 코뮌형태를 통해 한꺼번에 큰 진전을 이룰 수 있다는 것과, 그들 자신과 인류를 위해 이 운동을 시작할 때가 왔다는 것을 알고 있다.

—「프랑스의 내전 제1초고」, 『저작선집』 4: 23~24; CW 22: 491~492

The working class know that they have to pass through different phases of class struggle. They know that the superseding of the economical conditions of the slavery of labour by the conditions of free and associated labour can only be the progressive work of time, (that economical transformation) that they require not only a change of distribution, but a new organization of production, or rather the delivery (setting free) of the social forms of production in present organized labour (engendered by present industry) of the trammels of slavery, of their present class character, and their harmonious national and international coordination. They know that this work of regeneration will be again and again relented and impeded by the resistances of vested interests and class egotisms. They know that the present "spontaneous action of the natural laws of capital and landed property" can only be superseded by "the spontaneous action of the laws of the social economy of free and associated labour", by a long process of development of new conditions, as was the "spontaneous action of the economic laws of slavery" and the "spontaneous action of the economical laws of serfdom". But they know at the same time that great strides may be taken at once through the Communal form of political organization and that the time has come to begin that movement for themselves and mankind.

11. 1872년 「토지의 국유화」

(81) 토지의 국유화는 자본주의적 생산형태의 폐지

토지의 국유화는 노동과 자본 사이의 관계에 완전한 변화를 일으키고, 이리하여 결국 공업에서든 농업에서든 자본주의적 생산형태를 폐지할 것이다. 이렇게 되면 계급적 구별과 특권들은 자신들을 발생시킨 경제적 토대와 함께 소멸하고, 사회는 자유로운 생산자들의 연합으로 전환할 것이다. 타인의 노동으로 생활한다는 것은 과거지사가 될 것이다. 사회 자체와 구별되는 어떤 정부나 국가도 더는 없을 것이다! 농업, 광업, 제조업, 한마디로 모든 생산부문은 점차 가장 적절한 방식으로 조직될 것이다. **생산수단의 국민적 집중**은, 공동의 합리적 계획에 따라 사회 업무를 수행하는 자유롭고 평등한 생산자들의 연합들로 구성된 사회의 자연적 토대가 될 것이다. 이것이 19세기의 위대한 경제적 운동이 지향하는 목표이다.
— 『저작선집』 4: 155~156; CW 23: 135~136

The nationalisation of land will work a complete change in the relations between labour and capital, and finally, do away with the capitalist form of production, whether industrial or rural. Then class distinctions and privileges will disappear together with the economical basis from which they originate and society will be transformed into an association of free producers. To live on other people's labour will become a thing of the past. There will be no longer any government or state power, distinct from society itself! Agriculture, mining, manufacture, in one word, all branches of production, will gradually be organised in the most adequate manner. *National centralisation of the means of production* will become the natural basis of a society composed of associations of free and equal producers, carrying on the social business on a common and rational plan. Such is the goal to which the great economic movement of the 19th century is tending.

12. 1875년 「고타 강령 초안 비판」

(82) 노동수단의 독점

오늘날의 사회에서 노동수단은 토지소유자(토지소유의 독점은 자본 독점의 기초이다)와 자본가의 독점이다. …… 잉글랜드에서는 자본가는 대부분 자기 공장이 서 있는 토지의 소유자도 아니다. ―『저작선집』 4: 373; CW 24: 83

In present-day society the means of labour are the monopoly of the landowners (the monopoly of land ownership is even the basis of the monopoly of capital) *and* the capitalists. …… In England, the capitalist is mostly not even the owner of the land on which his factory stands.

(83) 사회의 총생산물의 처분

사회의 총생산물 중 다음을 공제해야 한다.
첫째로 소모된 생산수단의 보충을 위한 것,
둘째로 생산의 확장을 위해 추가되는 부분,
셋째로 사고나 자연재해 등에 의한 혼란에 대처하기 위한 예비재원 또는 보험재원.
　　　　　　　　　　　　　　　―『저작선집』 4: 374; CW 24: 84

From *this[the total social product]* must now be deducted:

first, cover for replacement of the means of production used up.

Secondly, additional portion for expansion of production.

Thirdly, reserve or insurance funds to provide against accidents, disturbances caused by natural factors, etc.

(84) 소비수단의 분배 전에 공제할 것

사회의 총생산물 중 소비수단은 개인들에게 분배되기 전에 다음을 공제해야 한다.

첫째로 생산에 직접 속하지 않는 일반 관리비용……

둘째로 학교·건강서비스 등 필요의 공동 충족을 위한 부분……

셋째로 노동할 수 없는 사람들을 위한 재원……

이제 …… 협동조합적 사회의 개별 생산자들 사이에 나누어 줄 소비수단이 남게 된다.

— 『저작선집』 4: 375; CW 24: 85

Before this[the means of consumption of the total product] is divided among the individuals, there has to be again deducted from it:

First, the general costs of administration not directly appertaining to production ……

Secondly, that which is intended for the common satisfaction of needs, such as schools, health services, etc.

Thirdly, funds for those unable to work ……

Only now do we come …… to that part of the means of consumption which is divided among the individual producers of the collective.

(85) 공산주의의 제1단계와 보다 높은 단계

　여기에서 우리가 다루는 사회는 자기 자신의 토대 위에서 **발전한** 공산주의 사회가 아니라, 자본주의 사회로부터 바로 **등장하는** 공산주의 사회이다. 그러므로 이 사회는 그 모태인 낡은 사회의 모반이 아직도 모든 면에서, 경제적·도덕적·지적으로, 남아 있다. 따라서 개별 생산자는 자기가 사회에 주는 것만큼 ― 위 항목을 공제한 뒤 ― 사회로부터 돌려받는다. 그가 사회에 준 것은 그의 개인적 노동량이다. …… 그는 공동재원을 위한 노동을 공제한 뒤, 자기가 이러저러한 노동량을 제공했다는 증서를 사회로부터 받고, 이 증서에 의해 소비재의 재고로부터 동일한 양의 노동이 드는 만큼의 소비재를 찾아간다. 그는 어떤 형태로 사회에 준 것과 동일한 양의 노동을 다른 형태로 되받는다.

　여기에서는 동일한 가치의 교환이라는 점에서는, 상품교환을 규제하는 원리와 동일한 원리가 지배한다. 그러나 내용과 형태는 변하는데, 왜냐하면 아무도 자기의 노동 이외에는 어떤 것도 줄 수 없으며, 개인적 소비수단 이외에는 어떤 것도 개인의 소유로 들어가지 않기 때문이다. 그러나 소비수단을 개별 생산자들에게 분배하는 것에 관한 한, 상품 등가물 사이의 교환이라는 동일한 원리가 지배한다. 즉 어떤 형태의 일정한 양의 노동은 다른 형태의 동일한 양의 노동과 교환된다.

　그러므로 여기에서 **평등한 권리**는 원리상 여전히 **부르주아적 권리**이다. 물론 상품교환에서는 등가물의 교환은 하나하나의 경우에는 존재하지 않고 **평균적으로만** 존재하지만, 여기에서는 원리와 현실이 더는 다투지 않는다.

　이런 진보가 있음에도 이런 **평등한 권리**는 아직도 부르주아적 제한에 의해 끊임없이 방해를 받는다. 생산자의 권리는 그가 제공하는 노동에 비례하며, 평등은 **동일한 척도**인 노동에 의해 측정된다는 사실에 있다. 그러나 어떤 사람은 육체적으로나 정신적으로 다른 사람보다 뛰어나서, 동일한 시간에 더 많은 노동을 제공하거나, 더 긴 시간을 노동할 수 있다. 노동이 척도가 되려면 노동의 계속시간이나 강도가 규정되어야 하며, 그렇지 못하면 측정의 척도가 되지 못한다. 이런 **평등한 권리**는 동등하지 않는 노동에 대해서는 불평등한 권리이다. 여기에서는 각 개인은 다른 사람과 마찬가지로 노동자일 뿐이므로, 평등한 권리는 계급 차이를 승인하지 않지만, 암묵적으로 개인의 불평등한 소질을 인정하고 따라서 노동자의 생산능력을 타고난 특권으로 인정한다. **이리하여 평등한 권리는 모든 권리가 그렇듯이 내용에서는 불평등한 권리가 된다.** 평등의 핵심은 그 본성상 동일한 척도의 적용에 있을 수밖에 없으며, 동등하지 않는 개인들(만약 그들이 동등하다면 서로 다른 개인이 아닐 것이다)을 동일한 척도에 의해 측정할 수 있는 것은, 오직 그들을 동일한 관점 아래에서 **어떤 특정한** 측면에서만 파악하는 한에서이다. 예컨대 위의 경우 개인들은 **오직 노동자로서만** 간주되고 다른 모든 것은 도외시되고 있다. 그러나 노동자로서도 어떤 노동자는 결혼했고 다른 노동자는 결혼하지 않았고, 어떤 노동자는 다른 노동자보다 아이들을 더 많이 가지고 있다, 등. 이리하여 동일한 작업을 수행하고 따라서 사회의 소비재원으로부터 동일한 몫을 가져더라도, 어떤 사람은 다른 사람보다 더 많이 받을 수 있고 어떤 사람은 다른 사람보다 더 부유할 수가 있다, 등. 이런 결함들을 피하기 위해서는 권리는 평등하기보다는 불평등해야만 할 것이다.

그러나 이런 결함들은 오랜 진통 끝에 자본주의 사회로부터 갓 태어난 첫 단계의 공산주의 사회에서는 불가피하다. 권리는 사회의 경제적 구조와 이것에 의해 결정되는 문화적 발전보다 결코 높을 수가 없다.

공산주의 사회의 더 높은 단계에서는, 즉 개인이 분업에 복종하는 예속적 상태가 사라지고 이와 함께 정신노동과 육체노동의 대립이 사라진 뒤, 노동이 생활을 위한 수단일 뿐 아니라 생명의 일차적인 욕구로 된 뒤, 그리고 개인들의 전면적 발달과 더불어 생산력도 성장하고 공동의 부의 모든 샘들이 더욱 풍부하게 흘러넘친 뒤에, 비로소 부르주아적 권리의 편협한 한계가 완전히 극복되고 사회는 자신의 깃발에 다음과 같이 쓸 수 있게 된다. 각자는 능력에 따라, 각자에게는 필요에 따라! ─ 『저작선집』 4: 375~377; CW 24: 85~87

What we are dealing with here is a communist society, not as it has *developed* on its own foundations, but, on the contrary, just as it *emerges* from capitalist society, which is thus in every respect, economically, morally, and intellectually, still stamped with the birthmarks of the old society from whose womb it emerges. Accordingly, the individual producer receives back from society ─ after the deductions have been made ─ exactly what he gives to it. What he has given to it is his individual quantum of labour. …… He receives a certificate from society that he has furnished such and such an amount of labour(after deducting his labour for the common funds), and with this certificate, he draws from the social stock of means of consumption as much as the same amount of labour costs. The same amount of labour which he has given to society in one form, he receives back in another.

Here obviously the same principle prevails as that which regulates the exchange of commodities, as far as this is exchange of equal values. Content and form are changed, because under the altered circumstances no one can give anything except his labour, and because, on the other hand, nothing can pass to the ownership of individuals, except individual means of consumption. But as far as the distribution of the latter among the individual producers is concerned, the same principle prevails as in the exchange of commodity-equivalents: a given amount of labour in one form is exchanged for an equal amount of labour in another form.

Hence, *equal right* here is still in principle — *bourgeois right*, although principle and practice are no longer at loggerheads, while the exchange of equivalents in commodity exchange exists only *on the average* and not in the individual case.

In spite of this advance, this *equal right* is still constantly stigmatized by a bourgeois limitation. The right of the producers is *proportional* to the labour they supply; the equality consists in the fact that measurement is made with an *equal standard*, labour. But one man is superior to another physically, or mentally, and supplies more labour in the same time, or can labour for a longer time; and labour, to serve as a measure, must be defined by its duration or intensity, otherwise it ceases to be a standard of measurement. This *equal* right is an unequal right for unequal labour. It recognizes no class differences, because everyone is only a worker like everyone else; but it tacitly recognizes unequal individual endowment, and thus productive capacity, as a natural privilege. *It is, therefore, a right of inequality, in its content, like every right.* Equality, by its very nature, can consist only in the application of an equal standard; but unequal individuals (and they would not be different individuals if they were not unequal) are measurable only by an equal standard only insofar as they are made subject to an equal criterion, are taken from a *certain* side only, for instance, in the present case, are regarded *only as workers* and nothing more is seen in them, everything else being ignored. Further, one worker is married, another not; one has more children than another, etc., etc. Thus, given an equal amount of work done, and hence an equal share in the social consumption fund, one will in fact receive more than another, one will be richer than another, etc. To avoid all these defects, right, instead of being equal, would have to be unequal.

But these defects are inevitable in the first phase of communist society as it is when it has just emerged after prolonged birthpangs from capitalist society. Right can never be higher than the economic structure of society and its cultural development which this determines.

In a higher phase of communist society, after the enslaving subordination of the individual to the division of labour, and thereby also the antithesis between mental and physical labour, has vanished; after labour has become not only a means of life but life's prime want; after the productive forces have also increased with the all-around development of the individual, and all the springs of common wealth flow more abundantly — only then can the narrow horizon of bourgeois right be crossed in its entirety and society inscribe on its banners: From each according to his ability, to each according to his needs!

(86) 분배는 공산주의의 중심과제가 아니다

이제까지의 분석은 제외하더라도, 이른바 **분배**를 가지고 야단법석을 떨고 거기에 중점을 두는 것은 도대체 잘못된 것이다.

어느 시기에도 소비수단의 분배는 생산조건 자체의 분배의 결과일 뿐이고, 생산조건의 분배는 생산양식 자체의 특징이다. 예컨대 자본주의적 생산양식은, 물적 생산조건들은 자본소유와 토지소유의 형태로 노동하지 않는 사람들의 수중에 있는 반면에 대중은 인적 생산조건인 노동력의 소유자일 뿐이라는 사실에 근거하고 있다. 생산요소들이 이렇게 분배되면 오늘날과 같은 소비수단의 분배가 저절로 생긴다. 물적 생산조건들이 노동자들 자신의 협동조합적 소유가 되면 오늘날과는 다른 소비수단의 분배가 생기게 마련이다. 부르주아 경제학자들을 본받은 속류 사회주의자들(그리고 이들을 다시 본받은 일부 민주주의자들)은 분배를 생산방식과는 독립적인 것으로 간주하여 그렇게 다루고 있으며, 따라서 사회주의는 주로 분배를 중심과제로 삼고 있는 것처럼 서술하고 있다.

— 『저작선집』 4: 378; CW 24: 87~88

Quite apart from the analysis so far given, it was in general a mistake to make a fuss about so-called *distribution* and put the principal stress on it.

Any distribution whatever of the means of consumption is only a consequence of the distribution of the conditions of production themselves. The latter distribution, however, is a feature of the mode of production itself. The capitalist mode of production, for example, rests on the fact that the material conditions of production are in the hands of nonworkers in the form of property in capital and land, while the masses are only owners of the personal condition of production, of labour power. If the elements of production are so distributed, then the present-day distribution of the means of consumption results automatically. If the material conditions of production are the co-operative property of the workers themselves, then there likewise results a distribution of the means of consumption different from the present one. Vulgar socialists (and from them in turn a section of the Democrats) have taken over from the bourgeois economists the consideration and treatment of distribution as independent of the mode of production and hence the presentation of socialism as turning principally on distribution.

(87) 노동자들의 독립적 협동조합이 중요하다

노동자들이 사회적 규모로, 그리고 먼저 자국에서 일국적 규모로 협동조합적 생산을 위한 조건을 갖추려 한다는 것은 다만 그들이 지금의 생산조건의 변혁에 종사하고 있다는 것을 뜻할 뿐이며, 국가 보조를 받아 협동조합을 창설하는 것과는 아무런 상관이 없다. 그런데 지금의 협동조합에 관한 한, 그것이 정부나 부르주아지의 비호를 받지 않는 노동자들의 독립적인 창조물인 **한에서만** 가치를 가진다. — 『저작선집』 4: 384; CW 24: 93~94

That the workers desire to establish the conditions for co-operative production on a social scale, and first of all on a national scale, in their own country, only means that they are working to transform the present conditions of production, and it has nothing in common with the foundation of co-operative societies with state aid. But as far as the present co-operative societies are concerned, they are of value *only insofar as* they are the independent creations of the workers and not protégés either of the governments or of the bourgeois.

(88) 프롤레타리아트의 혁명적 독재

자본주의 사회와 공산주의 사회 사이에는 전자에서 후자로의 혁명적 전환의 시기가 놓여 있다. 또한 이 시기에 상응하는 정치적 이행기가 있는데, 이때의 국가는 **프롤레타리아트의 혁명적 독재** 이외의 다른 것일 수가 없다.   ―『저작선집』 4: 385; CW 24: 95

Between capitalist and communist society lies the period of the revolutionary transformation of the one into the other. Corresponding to this is also a political transition period in which the state can be nothing but *the revolutionary dictatorship of the proletariat*.

13. 1880년 「프랑스 노동자당 강령 전문前文」

(89) 생산자계급의 해방

생산자계급의 해방은 성이나 인종의 구별 없는 인류 전체의 해방인 것,

생산자가 해방될 수 있는 것은 생산수단을 소유하는 경우뿐인 것, 생산수단이 생산자의 것으로 될 수 있는 형태는 오직 두 가지인데, ① 개인적 형태 — 이 형태는 지금까지 현실에서 널리 존재한 적이 전혀 없고, 산업의 진보에 따라 점점 제거되고 있으며, ② 집단적 형태 — 이 형태의 물질적 요소들과 지적 요소들은 자본주의 사회의 발전 그것에 의해 형성되고 있다는 것,

이상의 것을 고려하여,

또 이 집단적 형태를 달성할 수 있는 것은 독립 정당으로 조직된 생산자계급, 즉 프롤레타리아트의 혁명적 행동뿐이라는 것,

이런 조직은 프롤레타리아트가 이용할 수 있는 모든 수단 — 지금까지는 속이는 도구였지만 지금은 해방의 도구로 전환된 보통선거를 포함하여 — 을 사용하여 투쟁해야 한다는 것,

이상의 것을 고려하여,

프랑스의 사회주의적 노동자들은,

경제영역에서는 모든 생산수단들을 집단적 소유로 회수하는 것을 자기들의 노력의 목표로 삼으면서, 아래와 같은 최소강령을 가지고 조직화와 투쟁의 수단으로 선거에 참가하기로 결정했다.

— CW 24: 340

[Preamble to the Programme of the French Worker's Party]

Considering

That the emancipation of the producing class is that of all human beings without distinction of sex or race;

That the producers cannot be free unless they are in possession of the means of production;

That there are only two forms in which the means of production can belong to them:

1) the individual form, which has never existed as a general state of affairs and which is increasingly eliminated by industrial progress;

2) the collective form, whose material and intellectual elements are shaped by the very development of capitalist society;

Considering

That the collective appropriation can only spring from the revolutionary action of the producing class — or proletariat — organised into an independent political party;

That such an organisation must be striven for, using all the means at the disposal of the proletariat, including universal suffrage, thus transformed from the instrument of deception which it has been hitherto into an instrument of emancipation;

The French socialists workers,

Adopting as the object of their efforts in the economic sphere the return of all the means of production to collective ownership, have decided, as a *means of organisation and struggle*, to take part in the elections with the following *minimum* programme.

옮긴이 **김 수 행** soohaeng@snu.ac.kr

1942년 10월 일본에서 태어나 해방과 더불어 귀국해서 고등학교 때까지 대구에서 살았습니다. 1961년 4월에 서울대학교 상과대학 경제학과에 입학해서 학사와 석사 학위를 받았습니다. 대학 1학년 때 일본어를 공부하여 일본 책을 읽으면서 마르크스의 사상을 일찍 접할 수 있었습니다. 석사학위 논문은 「금융자본의 성립에 관한 일 연구」였습니다.

여러 분들의 도움으로 1972년 2월부터 1975년 5월까지 런던에서 외환은행 직원으로 근무하다가 영국의 복지사회와 공황을 모두 경험했습니다. 복지국가도 공황에 빠지는 것은 '자본주의체제'이기 때문임을 실감하여 공황을 연구하려고 런던대학교 버크벡(Birkbeck)대학에 들어가 아내가 주는 돈으로 경제학 석사(1977년)와 박사(1982년) 학위를 받았습니다. 박사학위 논문의 제목은 원래 "The Marxian Theory of Economic Crises: A Critical Appraisal of Some Japanese and European Reformulations"였지만, 귀국해서 전두환 독재정권의 '박해'를 받지 않기 위해 지도교수와 상의하여 주 제목을 "Theories of Economic Crises"로 바꾸었습니다.

'반독재투쟁'에 앞장서던 한신대학교의 초청을 받아들여 1982년 10월부터 1987년 1월까지 근무하다가, 1987년 6월 항쟁이 불을 지핀 '학문의 자유화' 운동 덕택으로 1989년 2월 서울대학교 사회과학대학 경제학과에 부교수로 임용되었습니다. 금서로 분류되던『자본론』을 '잡아갈 테면 잡아가라'는 배짱으로 제1권을 상·하 두 권으로 1989년 3월에 번역 출판하고 제2권을 1989년 5월에, 제3권을 상·하 두 권으로 1990년 11월에 출판했습니다. 이것이『자본론』세 권 전체를 동일인이 한글로 번역 출판한 첫 사례입니다. 2008년 2월에 서울대학교를 정년퇴임하고 현재에는 '평생교육의 메카'인 성공회대학교 석좌교수로 있습니다. '마르크스경제학을 한국 사회에 뿌리내리게 하는 것'을 사명으로 여기기 때문에, 이에 관해 알기 쉬운 책을 많이 쓰고 대중강연도 많이 하고 현실과 미래에 관한 이야기를 많이 하려고 마음먹고 있습니다.

저서 중 최근 것으로는『새로운 사회를 위한 경제이야기』(2008),『김수행, 자본론으로 한국경제를 말하다』(2009),『청소년을 위한 자본론』(2010),『세계대공황: 자본주의의 종말과 새로운 사회의 사이』(2011) 등이 있으며 역서로는『금융자본론』(2011) 등이 있습니다.

청년지성 총서 3
한울 아카데미 1475
마르크스가 예측한 미래사회
별책: 마르크스의 저작 인용 영한대역본

ⓒ 김수행, 2012

옮긴이 | 김수행
펴낸이 | 김종수
펴낸곳 | 도서출판 한울
편   집 | 김경아

초판 1쇄 발행 | 2012년 8월 31일
초판 2쇄 발행 | 2013년 3월 15일

주소 | 413-756 경기도 파주시 파주출판도시 광인사길 153(문발동 507-14) 한울시소빌딩 3층
전화 | 031-955-0655
팩스 | 031-955-0656
홈페이지 | www.hanulbooks.co.kr
등록번호 | 제406-2003-000051호

Printed in Korea.
ISBN 978-89-460-5475-2 03300

* 책값은 겉표지에 표시되어 있습니다.